Ab dem Hauptstudium
bis zum Referendariat

JURA INTENSIV

W0287706

CRASHKURS

Sammelausgabe
Handels- & Gesellschaftsrecht

Beide Gebiete in einem Band:

- Crashkurs Handelsrecht, 7. Auflage
- Crashkurs Gesellschaftsrecht, 6. Auflage

Dr. Dirk Schweinberger

3. Auflage

Jura Intensiv Verlags UG & Co. KG, Frankfurt, Oktober 2021

Herr **Dr. Dirk Schweinberger** ist Assessor und Franchisenehmer des Repetitoriums *Jura Intensiv* in Frankfurt, Gießen, Heidelberg, Mainz und Marburg. Er wirkt seit über 20 Jahren als Dozent des Repetitoriums und ist Redakteur der Ausbildungszeitschrift RA – Rechtsprechungs-Auswertung.
In den Skriptenreihen von Jura Intensiv ist er Autor bzw. Co-Autor der Skripte: Strafrecht AT I und II, Strafrecht BT I und II, Irrtumslehre, Arbeitsrecht, Crashkurs Strafrecht, Crashkurs Strafrecht Bayern, Crashkurs Sammelausgabe Handels- & Gesellschaftsrecht, Crashkurs Arbeitsrecht, Crashkurs Assex Strafurteil, Kompakt Strafrecht, Basis-Fälle Handelsrecht, Basis-Fälle Strafrecht AT, Basis-Fälle Strafrecht BT I und II.

Autor
Dr. Dirk Schweinberger

Verlag und Vertrieb
Jura Intensiv Verlags UG (haftungsbeschränkt) & Co. KG
Eschersheimer Landstr. 60 - 62
60322 Frankfurt am Main
info@verlag.jura-intensiv.de
www.verlag.jura-intensiv.de

Druck und Bindung
Druckerei Busch GmbH, Raiffeisenring 31, 46395 Bocholt

ISBN 978-3-96712-071-4

Inhaltsverzeichnis

CRASHKURS Sammelausgabe
Handels- & Gesellschaftsrecht

CRASHKURS Handelsrecht

Der Kaufmannsbegriff, §§ 1 – 6 HGB

Die Publizität des Handelsregisters, § 15 HGB

Firmen- und Unternehmensfortführung, § 25 ff. HGB

Die Vertretung des Kaufmanns, §§ 48 ff. HGB

CRASHKURS Gesellschaftsrecht – Personengesellschaften

Ab dem Hauptstudium
bis zum Referendariat

JURA INTENSIV

CRASHKURS

Handelsrecht

Dr. Dirk Schweinberger

7. Auflage

Jura Intensiv Verlags UG & Co. KG, Frankfurt, Oktober 2021

Der Kaufmannsbegriff, §§ 1 – 6 HGB

Das Handelsrecht ist das Sonderprivatrecht der Kaufleute. Das HGB kommt folglich nur zur Anwendung, wenn Kaufleute am Geschäft beteiligt sind. Grundsätzlich genügt, dass lediglich ein am Geschäft Beteiligter „Kaufmann" ist (sog. **einseitiges Handelsgeschäft**). Wenn es allerdings wirtschaftlich besonders „gefährlich" wird, verlangt das HGB, dass beide Geschäftspartner Kaufleute sind (sog. **beiderseitiges Handelsgeschäft**, vgl. §§ 346, 353, 369, 377, 391 HGB).

I. Die Kaufleute nach §§ 1 – 3 HGB

Definition: **Kaufmann** i.S.d. Gesetzes ist, wer ein Handelsgewerbe betreibt.

Gewerbe (keine Legaldefinition, auch nicht in der GewO)
Ein Gewerbe ist jede erlaubte selbstständige zum Zwecke der Gewinnerzielung vorgenommene nach außen erkennbare Tätigkeit, die planmäßig und für eine gewisse Dauer ausgeübt wird und kein „freier Beruf" ist.

- Freie Berufe, also kein Gewerbe sind z.B.: Anwalt, § 2 BRAO, Arzt, § 1 II BundesärzteO, § 1 IV ZahnheilkundeG, Steuerberater, § 1 II SteuerBerG; vgl. die Aufzählung in § 1 II PartGG.

Problem: **Stiftungen des öffentlichen Rechts** (z.B. städtische Abwasserbeseitigung, Rundfunk- und Fernsehanstalt im Programmbereich, Wasser- und Bodenverband):

Notwendig ist das Betreiben eines Gewerbes in Form eines wirtschaftlichen Unternehmens.
Es muss eine Tätigkeit ausgeübt werden, die nicht nur allein und herkömmlich mit der Zielrichtung einer öffentlichen Aufgabe betrieben wird. Denn eine solche Tätigkeit ist keine Gewerbeausübung. Dabei kann auch in Erfüllung öffentlich-rechtlicher oder gemeinnütziger Aufgaben eine öffentliche Körperschaft Gewinn anstreben, Dies ist jedoch im Einzelfall zu prüfen, wobei es genügt, einen wirtschaftlichen Erfolg am Markt erzielen zu wollen (OLG München, 34 AR 196/12).

- Dass ein Gewerbe „**erlaubt**" sein muss, meint nicht eine öffentlich-rechtliche Erlaubnis, da hiervon die Kaufmannseigenschaft gem. § 7 HGB gerade nicht abhängt. Vielmehr geht es um die Ausgrenzung der von der Rechtsordnung geächteten „Gewerbe", z.B. Hehler, Waffenschieber, Rauschgifthändler.

- Wenn eine „kaufmännische Einrichtung" erforderlich ist, also ein Handelsgewerbe betrieben wird, ist der Gewerbetreibende automatisch sog. Istkaufmann, § 1 HGB. Die Eintragung im Handelsregister gem. § 29 HGB wirkt in diesem Fall nur deklaratorisch.

- Wenn ein Kleingewerbe betrieben wird, ist der Gewerbetreibende zunächst kein Kaufmann, kann sich aber freiwillig für den Erwerb der Kaufmannseigenschaft entscheiden. In diesem Fall wird er mit der Eintragung im Handelsregister sog. Kannkaufmann, § 2 HGB. Die Eintragung im Handelsregister wirkt in diesem Fall konstitutiv, also rechtsbegründend.

Merke: § 2 HGB hat ein ungeschriebenes Tatbestandsmerkmal:
Die freiwillige und bewusste Unterwerfung des Kleingewerbetreibenden unter das Kaufmannsrecht.

Problem: Wann ist eine kaufmännische Einrichtung erforderlich?

Mit der Formulierung „es sei denn" in § 1 II HGB wird demjenigen, der behaupten will, dass ein Gewerbetreibender nicht Kaufmann ist, dafür die **Darlegungs- und Beweislast** auferlegt.

Beachte: Für die **Klausur** bedeutet das:
Ergibt sich aus einem Sachverhalt, dass eine Person ein Gewerbe betreibt, so ist sie Kaufmann. Lediglich dann, wenn der Sachverhalt Angaben enthält, die zweifelhaft erscheinen lassen, ob nach Art und Umfang ein in kaufmännischer Weise eingerichteter Geschäftsbetrieb erforderlich ist, ist dies zu überprüfen.

Als **Kriterien** können herangezogen werden:
Hinsichtlich der **Art des Geschäftsbetriebs** die Vielfalt des Geschäftsgegenstandes; die Schwierigkeit der Geschäftsvorgänge; die Inanspruchnahme von Kredit- und Teilzahlungen; erhebliche Teilnahme am Wechsel- und Scheckverkehr; der Umfang der Geschäftskorrespondenz; die Art und Weise der betrieblichen Organisation.

Hinsichtlich des **Umfangs des Geschäftsbetriebs** die Höhe des Anlage- und Kapitalvermögens; die Anzahl der Betriebsstätten und deren Größe; die Anzahl der Beschäftigten; die Lohnsumme.

Die genannten Kriterien sind nur Anhaltspunkte, letztlich entscheidend ist die Würdigung des Gesamtbildes des gewöhnlichen Geschäftsablaufes in dem betroffenen Gewerbebetrieb.

Definition: **Handelsgewerbe** ist jeder Gewerbebetrieb, es sei denn, dass das Unternehmen nach Art und Umfang einen in kaufmännischer Weise eingerichteten Geschäftsbetrieb nicht erfordert.

Merke: Damit sind also drei Elemente für ein **kaufmännisches Unternehmen** kennzeichnend: Es muss sich um ein gewerbliches Unternehmen handeln, eine kaufmännische Einrichtung erforderlich sein und schließlich ist entscheidend, wer das Handelsgewerbe betreibt.

Wer ein Handelsgewerbe betreibt, **ist** folglich gem. § 1 HGB automatisch **Kaufmann**.
Der Kleingewerbetreibende **kann** sich gemäß **§ 2 HGB** zum Erwerb der Kaufmannseigenschaft entschließen und unterwirft sich somit freiwillig dem gesamten Kaufmannsrecht. Der Kannkaufmann kann seine Eintragung gem. § 2 I 3 HGB rückgängig machen, solange er noch ein Kleingewerbe betreibt („Rückfahrschein"). Allerdings gilt diese Lösung natürlich nur ex nunc, also für die Zukunft.

Folgende Aspekte können für oder gegen die Eintragung gem. § 2 HGB sprechen:

Pro Eintragung	Zweischneidig	Contra Eintragung
▸ Provisionsanspruch (§ 354 HGB) ▸ Berufung auf Grundsatz der Entgeltlichkeit ▸ „Strahlkraft“ des Handelsregisters ▸ Akzeptanz als Vertragspartner durch andere Kaufmänner	▸ Rügepflicht (§ 377 HGB) ▸ Zinssatz und Fälligkeitszinsen (§§ 352, 353 HGB) ▸ Zurückbehaltungsrecht (§ 363 HGB) ▸ Kontokorrent (§ 355 HGB)	▸ Schutzverlust (§§ 348 - 350 HGB) ▸ Eintragungspflichten ▸ Vertrauenshaftung aufgrund von Registereintragungen (§ 15 HGB) ▸ Strafrechtliche Risiken (§§ 283 ff. StGB) ▸ Strengere Sorgfaltsanforderungen (§ 347 HGB)

Der Bereich der **Land- und Forstwirtschaft** (sog. „Urproduktion“) ist aus dem Anwendungsbereich des § 1 HGB herausgenommen. Auch hier gilt, dass sich der Land-/Forstwirt freiwillig dem Kaufmannsrecht unterwerfen kann. Er ist dann ebenfalls sog. „**Kannkaufmann**“ gem. § 3 HGB. Die Eintragung im Handelsregister wirkt in diesem Fall konstitutiv, also rechtsbegründend.

Beispiel: A erbt einen ca. 4 Hektar großen stillgelegten Bauernhof. Er errichtet in der stillgelegten Scheune eine moderne Legestätte mit ca. 150.000 Hühnern. Die Küken werden nicht selbst ausgebrütet, sondern zugekauft, ebenso das Futter. Muss sich A gem. § 29 als Kaufmann ins Handelsregister eintragen lassen?

Lösung: „Eigentlich“ betreibt A gem. § 1 I HGB ein Handelsgeschäft.

Es könnte aber der Ausschluss des § 1 HGB wegen Betreibens eines landwirtschaftlichen Betriebs eingreifen, § 3 I HGB.

Zwar erfolgt eine Gewinnung und Verwertung pflanzlicher oder tierischer Rohstoffe, aber keine Ausnutzung des Bodens. Die Landwirtschaft muss dem Unternehmen das Gepräge geben. Zur Landwirtschaft werden auch Erzeugnisse tierischer Produkte wie Fleisch, Milch und Eier aus eigener Bodennutzung gezählt. In der Regel ist dabei auch ein branchenüblicher Zukauf unschädlich; nicht aber, wenn hauptsächlich gekauftes Futter und/oder fremde Erzeugnisse verarbeitet werden.

Fazit: Der Bodenertrag ernährt die Küken nicht, also scheidet § 3 I HGB aus.

Die Pflicht zur Anmeldung zum Handelsregister gem. § 29 HGB besteht.

Merke: Kaufmann ist stets nur der **Betreiber**, in dessen Namen der Gewerbebetrieb ausgeübt wird. Nicht also z.B. der Prokurist oder der Insolvenzverwalter.

II. Fiktivkaufmann, § 5 HGB

Die zügige Geschäftsabwicklung im Handelsverkehr würde leiden, wenn die Kaufmannseigenschaft des Geschäftspartners jeweils besonders nachgeprüft werden müsste. Erwägungen der Rechtssicherheit und des Vertrauensschutzes können es daher notwendig machen, dass auch solche Personen als Kaufleute behandelt werden, die es „eigentlich" nicht sind.

1. Kaufmann gem. § 5 HGB

§ 5 HGB stellt im Interesse der Rechtssicherheit die unwiderlegliche Vermutung auf, dass die im Handelsregister eingetragenen Gewerbetreibenden Kaufleute sind. Auch in diesem Fall hat die Eintragung im Handelsregister eine konstitutive Wirkung.

Problem: Abgrenzung von § 2 und § 5 HGB

Nach wohl h.M. greift § 5 HGB vor allem ein, wenn nach Eintragung ein Gewerbebetrieb gem. § 1 II HGB zu einem Kleingewerbe herabsinkt. Da die Anmeldung gem. §§ 29 i.V.m. 1 II HGB nicht zugleich die für den Antrag nach § 2 HGB erforderliche Willenserklärung enthält, sind die Voraussetzungen der Kaufmannsstellung kraft § 2 HGB (trotz des insoweit weiten Wortlauts von § 2 S. 1 HGB) nicht erfüllt. Dies ergibt sich aus dem Gegensatz zwischen der Erfüllung einer rechtlichen Pflicht (im Fall des § 29 i.V.m. § 1 II HGB) und der Verwirklichung einer freien Entscheidung (im Fall des § 2 HGB).

Beispiel zu § 2 HGB: Der Kleingewerbetreibende K will unbedingt von Kaufmann M beliefert werden. M akzeptiert aber nur Kaufleute als Vertragspartner. K unterwirft sich deshalb durch Eintragung als Kaufmann in das Handelsregister dem Kaufmannsrecht und wird dadurch sog. Kann-Kaufmann.

Beispiel § 5 HGB: Der Großgewerbetreibende G ist als Kaufmann im Handelsregister eingetragen. Nach einigen Jahren laufen die Geschäfte des G immer schlechter und sein Betrieb sinkt auf das Niveau eines Kleingewerbes herab. G kümmert sich nicht um die weiterhin bestehende Eintragung und ist folglich Fiktivkaufmann („Kaufmann Kraft Eintragung").

Im Ergebnis ist es damit „egal", ob sich die Kaufmannsstellung aus § 2 HGB oder § 5 HGB ergibt. Dennoch muss ein Jurist die Rechtsfolge natürlich aus der richtigen Vorschrift herleiten.

2. Der nicht eingetragene Scheinkaufmann

Die Kaufmannseigenschaft oder das Bestehen einer Handelsgesellschaft kann auch auf andere Weise vorgetäuscht werden als durch unrichtige Registereintragungen. Hier gilt der gewohnheitsrechtliche Satz: Wer im Rechtsverkehr als Inhaber oder Mitinhaber eines kaufmännischen Unternehmens auftritt, muss sich – soweit Treu und Glauben es erfordern – im Geschäftsverkehr Gutgläubigen gegenüber als solcher behandeln lassen.

Die **Lehre vom Scheinkaufmann** ist im Verhältnis zu §§ 2, 5 HGB und § 15 I, III HGB **subsidiär** (Jung, Kap. 2 Rn 40).

a) Voraussetzungen:

aa) Zurechenbares Setzen eines Rechtsscheins

bb) Ursächlichkeit (Vertrauen auf den Rechtsschein)

cc) Gutgläubigkeit des Vertragsgegners („Vertrauendürfen")

dd) Verkehrsgeschäft

aa) Zurechenbares Setzen eines Rechtsscheins

Verschulden ist nicht erforderlich. Ein einmal gesetzter Rechtsschein dauert fort, wird aber im Laufe der Zeit schwächer.

Beispiel: Führen einer Firma, Bezeichnung eines Handlungsgehilfen als „Prokurist".

Keinesfalls darf der Rechtsschein allein durch die zu beurteilende und die Kaufmannseigenschaft voraussetzende Rechtshandlung begründet werden, da sonst ein Zirkelschluss gegeben wäre (Jung, Kap. 2 Rn 41). Vielmehr muss zuerst der Rechtsschein der Kaufmannseigenschaft gesetzt worden sein und die Rechtshandlung entweder danach oder gleichzeitig vorgenommen worden sein.

Beispiel 1: Kleingewerbetreibender K bestellt beim Kaufmann V Waren. Um in den Genuss eines „Kaufmann-Rabatts" zu kommen, tätigt er die Bestellung mit einem Briefkopf, der ihn als „e.K." ausweist. Da die Firmierung als „e.K." und die Warenbestellung zwei trennbare Komponenten sind, gilt K als Scheinkaufmann und muss die kaufmännische Rügeobliegenheit gem. § 377 HGB gegenüber V beachten.

Beispiel 2: Kleingewerbetreibender K gibt mündlich ein abstraktes Schuldanerkenntnis ab. Hier darf nun nicht argumentiert werden, dass K durch die bloß mündliche Erklärung den Rechtsschein der Kaufmannseigenschaft setze, an welchem er gem. § 350 HGB festzuhalten sei. Mit dieser Begründung würde nämlich die Formvorschrift der §§ 780, 781 BGB stets leerlaufen.

Die Zurechenbarkeit setzt nach h.M. weiterhin die **volle Geschäftsfähigkeit** voraus. Denn der Schutz des nicht voll Geschäftsfähigen geht auch im Handelsrecht dem Verkehrsschutz grundsätzlich vor (Canaris, § 6 Rn 70; Jung, Kap 8 Rn 43).

Nur bei einem **Unterlassen** der Beseitigung eines Rechtsscheins ist ein **Verschulden** erforderlich.

bb) **Ursächlichkeit** des Rechtsscheins für das Verhalten des Vertragsgegners. Umstritten ist, ob der Dritte die Ursächlichkeit des Rechtsscheins zu beweisen hat (so z.B. Baumbach/Hopt, § 5 Rn 13) oder eine Beweislastumkehr zu Lasten des Scheinkaufmanns eingreift (so z.B. Canaris, § 6 Rn 77).

cc) **Gutgläubigkeit des Vertragsgegners**. Einfache Fahrlässigkeit schadet bereits (BGH, JZ 1971, 334), wobei den Dritten jedoch keine Nachforschungspflicht trifft (BGH, NJW 1987, 3124, 3126), vor allem nicht die Pflicht zur Einsichtnahme in das Handelsregister (OLG Karlsruhe, JZ 1971, 335, 336).

dd) **Verkehrsgeschäft.** Nur bei einem Verkehrsgeschäft kann es zur Bildung von Vertrauenstatbeständen kommen. Im deliktischen Bereich ist dies ausgeschlossen.

b) Rechtsfolge

Der Handelnde gilt gegenüber Gutgläubigen als Kaufmann, ist aber keiner. Somit sind die Rechtsfolgen der Scheinkaufmannseigenschaft im Vergleich zu § 5 HGB, der eine Kaufmannseigenschaft begründet, eingeschränkt:

- Der Schein der Kaufmannseigenschaft wirkt nur unter den Beteiligten und greift **nicht zu Lasten** eines am Geschäft unbeteiligten **Dritten** ein (OLG Düsseldorf, DB 1999, 89, 90). Vorsicht ist hier vor allem bei § 366 HGB – guter Glaube an die Verfügungsbefugnis – geboten.

- Der Schein der Kaufmannseigenschaft wirkt **nur für**, nicht auch gegen **den gutgläubigen Dritten**.

- Nach wohl h.M. muss sich der Scheinkaufmann nur außerhalb des Geltungsbereichs zwingender Schutzvorschriften wie ein Kaufmann behandeln lassen (Großkomm/Brüggemann, Anh. § 5 Rn 45; a.A. Baumbach/Hopt, § 5 Rn 14). So sind also z.B. die §§ 347, 362 und 377 HGB zu Lasten des Scheinkaufmanns anwendbar, nicht jedoch die §§ 348, 350 HGB (Jung, Kap 8 Rn 47). Möglich ist jedoch stets die Erhebung der Arglisteinrede.

Stets ist auch zu beachten, wer der nachteilig Betroffene von einer die Kaufmannseigenschaft voraussetzenden Norm ist. So ist z.B. bei § 366 I HGB zu beachten, dass der Rechtsnachteil bei Anwendung auf den Scheinkaufmann (der Verkäufer ist) nicht den Veräußerer trifft, sondern den eigentlich Berechtigten, der den Rechtsschein nicht gesetzt bzw. veranlasst hat. Insofern gilt § 366 I HGB nicht bei einem Verkäufer, der Scheinkaufmann ist (OLG Düsseldorf, NJW-RR 1999, 615, 616; a.A. Canaris, § 6 Rn 26).

KAUFMANNSEIGENSCHAFT EINER NATÜRLICHEN PERSON

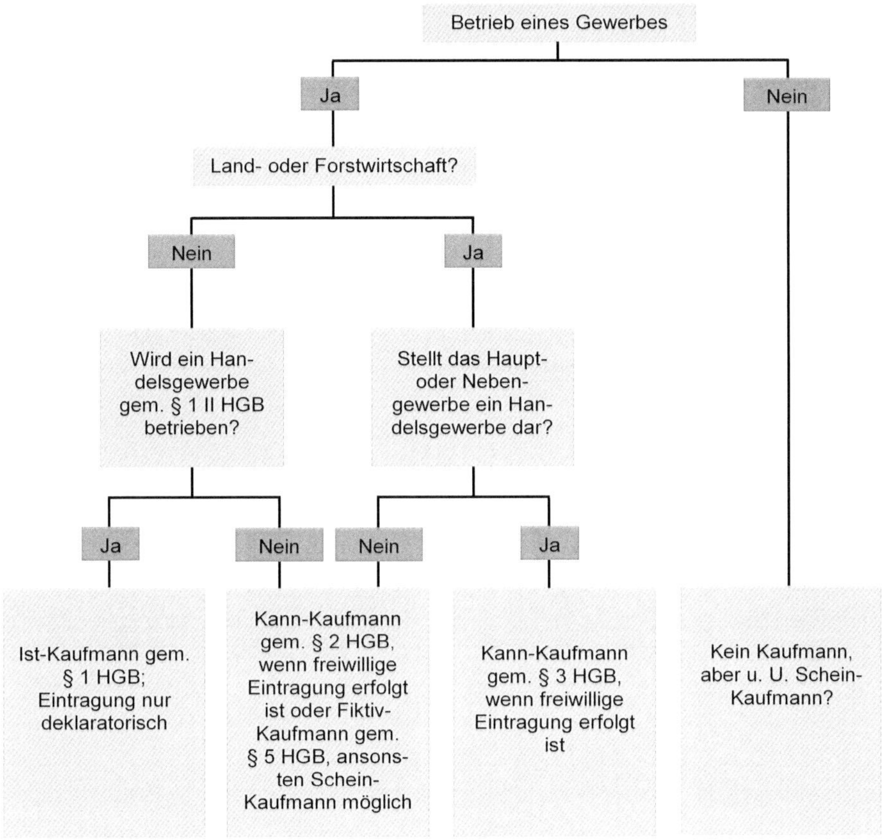

III. Gesellschaften als Kaufleute

1. AG und GmbH (Kapitalgesellschaften)

Der (wirtschaftliche) Verein ist die Grundform aller Kapitalgesellschaften.

Die klausurrelevanten Kapitalgesellschaften GmbH und AG sind gem. § 13 III GmbHG und § 3 I AktG alleine aufgrund der gewählten Rechtsform kaufmännische Handelsgesellschaften. Gem. § 6 II HGB finden auf diese „Vereine" die Regeln über Kaufleute Anwendung. AG und GmbH nennt man daher „**Formkaufmann**", § 6 HGB.

Bei Kapitalgesellschaften dürfen die Voraussetzungen der §§ 1 ff. HGB nicht geprüft werden.

Merke: Ein Formkaufmann ist ein wirtschaftlicher Verein, der kraft Gesetzes ein Handelsgewerbe betreibt, § 6 II. Hiermit sind die Kapitalgesellschaften und Genossenschaften gemeint. Sie sind Kaufleute kraft Rechtsform und zwar ohne Rücksicht darauf, ob sie tatsächlich ein Handelsgewerbe betreiben.

Beispiel: Die Anwälte A, B und C haben sich als Gesellschafter in der „A und Partner Rechtsanwalts-GmbH" zusammengeschlossen. Ist die Gesellschaft kaufmännisch?

Eine Rechtsanwalts-GmbH ist alleine aufgrund der gewählten Gesellschaftsform als GmbH kaufmännisch, obwohl kein Gewerbe, sondern ein freier Beruf betrieben wird. Dies folgt aus § 6 II i.V.m. § 13 III GmbHG.

2. OHG, KG (Personengesellschaften)

Die Grundform aller Personengesellschaften ist die BGB-Gesellschaft. Da § 6 II HGB aber einen „Verein“ verlangt, ist § 6 II HGB auf die Personengesellschaften nicht anwendbar.

Aus §§ 105 I, II, 123 II HGB folgt, dass eine Personengesellschaft nur dann eine kaufmännische Handelsgesellschaft ist, wenn sie die Voraussetzungen der §§ 1 ff. HGB erfüllt.

Beispiel: Ein in Personengesellschaft betriebener Großgetränkehandel, ist eine „Ist-OHG“, ein in Personengesellschaft betriebener Kiosk ist eine BGB-Gesellschaft und ein in Personengesellschaft betriebener aber im Handelsregister eingetragener Kiosk ist eine „Kann-OHG“.

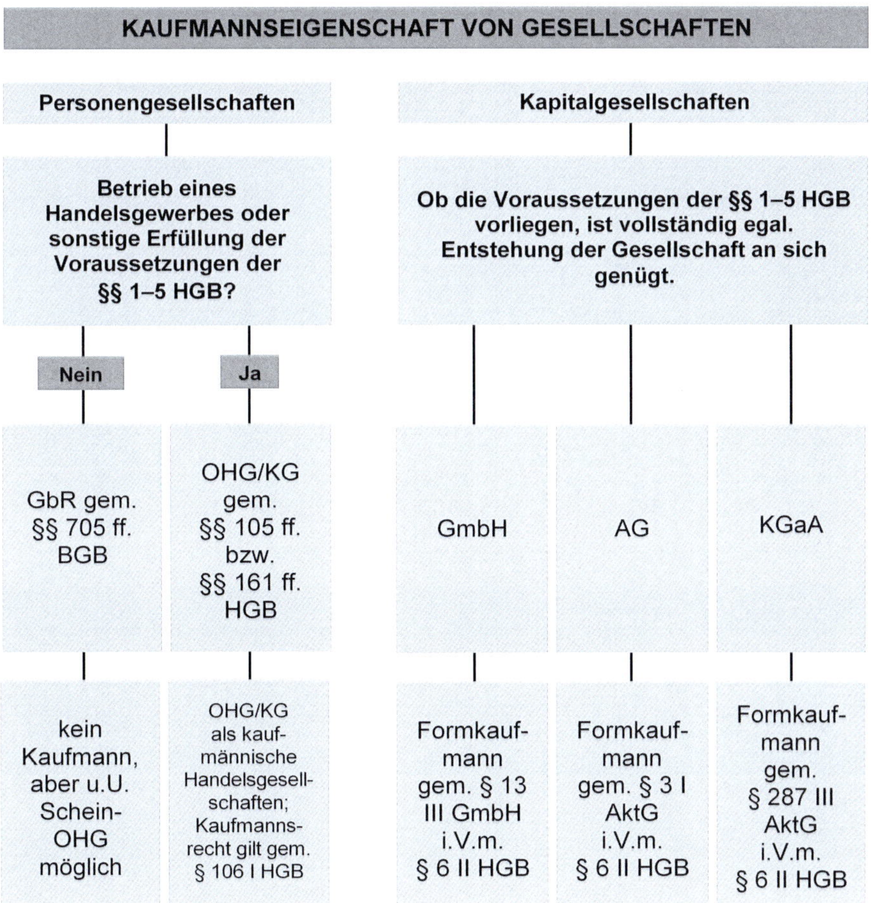

IV. Zusammenfassende Übersicht

Form der Organisation	Unternehmensträger	Kaufmannseigenschaft
eingetragener Einzelkaufmann	Inhaber (natürliche Person)	Inhaber
Personenhandelsgesellschaft (OHG; KG)	Die Gesellschaft ist Unternehmensträger (OHG; KG)	unstreitig: die OHG/KG als Handelgesellschaft (§ 6 I, 105 I HGB, ggf. i.V.m. 161 II HGB) BGHZ 45, 282, 284: auch die Komplementäre (nicht die Kommanditisten einer KG)
Kapitalgesellschaft	GmbH, AG	Nur die Gesellschaft als sog. Formkaufmann (§ 6 II HGB i.V.m. § 13 III GmbHG / § 3 I AktG)

Die Publizität des Handelsregisters, § 15 HGB

I. Das Handelsregister und die Wirkung von Eintragungen im Handelsregister

Das Handelsregister ist ein öffentliches Register, das von den Amtsgerichten nach Maßgabe der §§ 373 ff. FamFG geführt wird. Es dient dem Verkehrsschutz und der staatlichen Kontrolle sowie dem Eintragungspflichtigen zur Bekanntmachung und Beweisführung.

Handelsregistereintragungen müssen im „elektronischen Bundesanzeiger“ bekannt gemacht werden (§ 10 S. 1 HGB).

Nach ihrer materiellen Wirkung unterscheidet man deklaratorische und konstitutive Eintragungen:

- Den meisten Eintragungen kommt eine nur (rechtsbekundende) **deklaratorische Wirkung** zu. Dies bedeutet, dass die bereits eingetretene Rechtsänderung durch das Handelsregister nur kundgemacht wird.

  Beispiel: Bei Erteilung bzw. Erlöschen einer Prokura (§§ 48, 53 HGB) tritt die Rechtswirkung auch ohne die Eintragung ein. Dadurch kann es dazu kommen, dass die tatsächliche Rechtslage von der eingetragenen Rechtslage abweicht.

- (Rechtsbegründende) **konstitutive Wirkung** haben nur wenige Eintragungen, z.B. die Eintragung der Kannkaufleute (§§ 2, 3 HGB) sowie der GmbH und AG (§§ 11 GmbHG, 41 I AktG).

EINTRAGUNGEN IM HANDELSREGISTER

- **Grundsätzlich eintragungsfähige Tatsachen**
  - **Eintragungspflichtige (sog. „einzutragende“) Tatsachen: z.B. §§ 29, 31, 53, 106 f., 143 HGB, 36 ff. AktG, 7 ff. GmbHG**
    - Konstitutive Wirkung: z.B. §§ 11 GmbHG, 41 I AktG
      - Folge bei fehlender Eintragung: Keine Änderung der Rechtslage
    - Deklaratorische Wirkung: z.B. §§ 29, 31, 53, 106 f., 143 HGB
      - Folge bei fehlender Eintragung: Dennoch Änderung der Rechtslage, aber § 15 I HGB
  - **Rein eintragungsfähige Tatsachen: z.B.: §§ 2, 3, 25 II, 28 II, 49 II HGB**
    - Konstitutive Wirkung: z.B. §§ 2, 3, 25 II, 28 II HGB
      - Folge bei fehlender Eintragung: Keine Änderung der Rechtslage, sofern nicht z.B. bei §§ 25 II, 28 II HGB persönliche Mitteilung genügt
    - Deklaratorische Wirkung: z.B. § 49 II HGB
      - Folge bei fehlender Eintragung: Dennoch Änderung der Rechtslage
- **Nicht eintragungsfähige Tatsachen: z.B. § 54 HGB**
  - Rechtslage ändert sich mit Vornahme der nicht eintragungsfähigen Handlung. Grundsätzlich keine Geltung von § 15 HGB

II. Die negative Publizität des Handelsregisters, § 15 I HGB

Ist eine registerpflichtige Tatsache entweder nicht eingetragen oder zwar eingetragen aber noch nicht bekannt gemacht, darf ein gutgläubiger Dritter gem. § 15 I HGB darauf vertrauen, dass die alte Rechtslage unverändert fortbesteht. Der Dritte darf also bei nachträglicher Unrichtigkeit „dem Schweigen des Registers trauen, nicht aber seinem Reden“. (Im Gegensatz also zum Grundbuch, wo eingetragene Tatsachen als existent gelten (§§ 891, 892 BGB: **positive** Publizität), gelten hier nicht eingetragene Tatsachen als nicht existent: **negative** Publizität).

Diese gängige Formulierung ist nicht ganz präzise, da in Wahrheit das Fehlen der **Bekanntmachung** ausschlaggebend ist (vgl. Wortlaut des § 15 I HGB, Canaris, § 5 Rn 11).

Beispiel 1: Wird einem Prokuristen die Prokura entzogen und der Entzug nicht eingetragen und bekannt gemacht, kann der Vertragspartner dem Schweigen des Registers trauen. Das bedeutet hier: Das Register schweigt zum Entzug der Prokura, also kann er darauf vertrauen, dass die Prokura nicht entzogen wurde, sondern fortbesteht. Folglich muss der Kaufmann Rechtsgeschäfte des bisherigen Prokuristen nach § 15 I HGB gegen sich gelten lassen, es sei denn, der Vertragspartner kannte die wahre Rechtslage.

Beispiel 2: Nach § 125 I HGB besteht bei der OHG in der Regel Einzelvertretungsbefugnis jedes Gesellschafters. Ist im Gesellschaftsvertrag jedoch eine Gesamtvertretungsmacht vereinbart, muss dies gem. § 106 II Nr. 4 HGB eingetragen werden. Unterbleibt diese Eintragung, kann ein Dritter auf das Schweigen des Registers vertrauen und darf von Einzelvertretungsmacht ausgehen.

Merke: § 15 I HGB stellt daher dogmatisch einen Fall der **Rechtsscheinhaftung** dar, der auf zwei Fallgruppen anwendbar ist:

- Schutz des Vertrauens auf den **Fortbestand der bisherigen Rechtslage** (Beispiel 1)
- Schutz des Vertrauens auf das **Bestehen der gesetzlichen Regellage** (Beispiel 2)

1. Die tatbestandlichen Voraussetzungen des § 15 I HGB

a) Eintragungspflichtige Tatsache

b) Tatsache ist (egal aus welchen Gründen) nicht eingetragen oder nicht bekannt gemacht

c) Unkenntnis des Dritten von der Tatsache

d) Zugehörigkeit zum „Geschäfts- bzw. Prozessverkehr“

a) Eintragungspflichtige Tatsache

Welche Geschehnisse des Handelsverkehrs einzutragen sind, schreibt das Gesetz jeweils vor (besonders wichtig: Erteilung und Erlöschen von Prokura, § 53 I und II HGB; Änderung und Ausschluss der Vertretungsmacht von Gesellschaftern, § 106 II Nr. 4 HGB; Eintritt und Austritt eines Gesellschafters, § 143 I, II HGB; Bestellung oder Abberufung eines Geschäftsführers, § 39 I GmbHG).

Bloß **eintragungsfähige** Tatsachen werden **von § 15 I nicht erfasst**. Ein Beispiel für eine bloß eintragungsfähige Tatsache ist eine Vereinbarung nach § 25 II HGB dahingehend, dass der Erwerber nicht für alle im Betriebe begründeten Verbindlichkeiten des früheren Inhabers haftet. Wenn eine solche Vereinbarung nicht eingetragen wird, werden die Rechtsfolgen nicht von § 15 I HGB geregelt; vielmehr finden sie sich direkt in § 25 II HGB.

Rechtsprechungsauswertung und Examenstipp (Klassiker):

Zur sekundären Unrichtigkeit des Handelsregisters: BGHZ 116, 37, 44 f.; OLG Köln, 2 Wx 117/15, **RA 2016, 25** = JuS 2016, 78

Auch die Veränderung nicht eingetragener Tatsachen ist nach h.M. eintragungspflichtig, um den inzwischen außerhalb des Handelsregisters geschaffenen Vertrauenstatbestand zu vernichten.

Beispiel: K erteilt P Prokura, was nicht eingetragen wird. Später entzieht K dem P die Prokura wieder, was ebenfalls nicht eingetragen wird.

Nach einer Mindermeinung wird dieser Fall nicht von § 15 I HGB erfasst, da schon die Erteilung der Prokura nicht eingetragen war. Geschützt werde nur der Glaube an kundgemachte Tatsachen, da nur solche einen Rechtsschein erzeugen könnten.

Anders **BGH** und h.M.: Sinn und Zweck des § 15 I HGB ist der Schutz des abstrakten Vertrauens. Vor allem soll derjenige, der seine Eintragungspflichten gleich doppelt verletzt nicht besser stehen, als derjenige, der zwar z.B. die Erteilung der Prokura eintragen lässt, nur deren Entziehung vergisst, einzutragen. Somit ist der h.M. zu folgen.

Jedoch wird dies zunehmend nur für den Fall angenommen, dass die voreintragungspflichtige Tatsache auch nach außen bekannt geworden war, weil es sonst zu einer Rechtsscheinhaftung ohne Vertrauenstatbestand kommen würde (Canaris, 5/12; Baumbach/Hopt, § 15 Rn 11; Jung, Kap. 3 Rn 12).

b) Tatsache ist (egal aus welchen Gründen) nicht eingetragen oder nicht bekannt gemacht

Ein Verschulden ist nicht erforderlich. Damit greift § 15 I HGB auch in den praktisch häufigen Fällen ein, in denen die Langwierigkeit des Registerverfahrens die angemeldete Eintragung verzögert (Jung, Kap. 3 Rn 13).

Beispiel: Kaufmann K entzieht seinem Prokuristen P die Prokura. K geht sofort zum Notar N und meldet die Entziehung zum Handelsregister an. N leitet die entsprechenden Unterlagen sofort an das zuständige Registergericht weiter. Ist auf diesen Fall § 15 I HGB anwendbar?

Viele Prüflinge gehen fälschlich davon aus, dass § 15 I HGB nur den Kaufmann treffe, der seine Pflichten zur Eintragung verletzt habe. Dies ist aber nicht der Fall! Schon der Wortlaut des Gesetzes stellt alleine darauf ab, dass die Eintragung und Bekanntmachung noch nicht erfolgt ist. Ob der Eintragungsantrag gestellt ist, spielt keine Rolle.

c) Unkenntnis des Dritten von der Tatsache

Der Dritte darf die Tatsache nicht gekannt haben. Ein bloßes Kennen-Müssen macht den Dritten nicht bösgläubig! Maßgeblich ist der Zeitpunkt des rechtsbegründenden Vorgangs (z.B. Vertragsschluss, Erfüllung). Die Kenntnis von „Wissensvertretern" genügt.
Dabei ist die Bildung eines konkreten Vertrauens im Unterschied zur allgemeinen Rechtsscheinhaftung nicht nötig, sodass es unerheblich ist, ob der Dritte im Einzelfall das Register eingesehen und auf sein Schweigen tatsächlich vertraut hat (Jung, Kap. 3 Rn 15). Vielmehr genügt die theoretische Möglichkeit zur Bildung von Vertrauen (es findet also eine generalisierende Betrachtung wie bei §§ 892, 2366 BGB statt; Baumbach/Hopt, § 5 Rn 9). Die Gutgläubigkeit des Dritten wird vermutet (Jung, Kap. 3 Rn 15).

Die Beweislast für die positive Kenntnis des Dritten liegt beim Eintragungspflichtigen!
Vgl. Wortlaut: „(...) es sei denn (...)".

In der Praxis sollte der Kaufmann deshalb versuchen, alle Geschäftspartner über die eintragungspflichtige Tatsache zeitnah zu informieren. Mit Kenntniserlangung von einer solchen Mitteilung ist § 15 I HGB dann nicht mehr anwendbar, da der Gegenüber die Tatsache nunmehr kannte.

d) Zugehörigkeit zum „Geschäfts- bzw. Prozessverkehr“

Der rechtsbegründende Vorgang muss zum „Geschäftsverkehr“ (arg. § 15 IV HGB), einschließlich dessen Fortsetzung im (Zivil-) „Prozessverkehr“ gehören.

Die Registereintragungen sollen dem Dritten nämlich die Grundlagen für seine Entschlüsse im Wirtschaftsleben liefern; ihre Rechtsscheinwirkung ist deshalb dort ausgeschlossen, wo kein derartiger Motivationsprozess denkbar ist (niemand schaut, bevor er sich von einem OHG-Gesellschafter überfahren lässt, ins Handelsregister). Im sog. reinen Unrechtsverkehr (d.h. bei rein deliktischen Ansprüchen, z.B. RGZ 93, 238 (240 f.) für einen Verkehrsunfall) sowie bei Steuerschulden (Entstehung kraft Gesetzes) ist § 15 HGB unanwendbar; es gilt stets die wahre Rechtslage. Dogmatisch handelt es sich bei dieser Einschränkung um eine **teleologische Reduktion** des § 15 I HGB (Jung, Kap 3 Rn 16).

2. Die Rechtsfolgen von § 15 I

Derjenige, „in dessen Angelegenheiten die Tatsache einzutragen war“ (d.h. wer durch sie irgendwie entlastet wird - regelmäßig der Inhaber), kann sie dem Dritten „nicht entgegensetzen“. Diese Formulierung in § 15 I HGB darf nicht darüber hinwegtäuschen, dass § 15 I HGB grundsätzlich **Wirkung inter omnes** entfaltet. So gehört z.B. eine Sache, die der Dritte nur über § 15 I HGB erworben hat, mit allen Konsequenzen zu seinem Vermögen.
Er ist insoweit Berechtigter (Canaris, § 5 Rn 23).

Problem: Kann die Anwendung von § 15 I HGB die Folge haben, dass auch unbeteiligte Nicht-Kaufleute einen Rechtsnachteil erleiden, z.B. gem. § 366 HGB (guter Glaube an Verfügungsbefugnis) ihr Eigentum verlieren?

- Nach einer Ansicht greift der Vertrauensschutz nach § 15 I HGB nicht gegenüber am Handelsgeschäft nicht beteiligten Personen. Sie könnten die Eintragung nicht bewirken und dürften daher auch nicht sanktioniert werden.
- Nach h.M. greift demgegenüber der Vertrauensschutz nach § 15 I HGB auch zu Lasten Unbeteiligter. Die Rechtsfolgen wirken in erster Linie zugunsten des geschützten Dritten. Der Rechtsverlust auf Seiten des Eigentümers ist als Reflexwirkung notwendige Konsequenz und als von § 15 I HGB mitgeregelt hinzunehmen (vgl. OLG Düsseldorf, NJW-RR 1999, 615, 616)

Jedoch kann umgekehrt der Dritte, wenn ihm dies günstiger erscheint, auf seinen Schutz verzichten und sich auf die wahre Rechtslage berufen (BGHZ 55, 266, 273; BGH, WM 1990, 638 639; Canaris, § 5 Rn 24), indem er z.B. geltend macht, die von dem entlassenen, aber im Handelsregister noch nicht gelöschten Prokuristen abgegebene Willenserklärung sei unwirksam. Dadurch wird er bessergestellt, als wenn die scheinbare Rechtslage der Wirklichkeit entspräche, da er in diesem Fall kein Wahlrecht hätte. Dies muss jedoch hingenommen werden, da es mit der Schutzfunktion des § 15 I HGB unvereinbar wäre, den Dritten zwingend an die scheinbare Rechtslage zu binden. Es muss nämlich jedem Teilnehmer am Rechtsverkehr offenstehen, sich auf die tatsächliche Rechtslage zu berufen.

Rechtsprechungsauswertung und Examenstipp (Klassiker):

Rosinentheorie, BGHZ 65, 309

Sofern sich ein Anspruch auf mehrere Tatbestandsmerkmale stützt, die nur dadurch sämtlich bejaht werden können, dass bei dem einen Tatbestandsmerkmal § 15 I HGB angewendet wird und bei einem anderen Tatbestandsmerkmal hingegen nicht, greift § 15 I HGB nach h.M. ebenfalls ein, sog. „Rosinentheorie" (BGHZ 65, 309; a.A. z.B. Canaris, § 5 Rn 26). Somit erweist sich § 15 I HGB letztlich nicht als die Wahl einer Rechtslage (der tatsächlichen oder der fiktiven), sondern als ein **Einwendungs**ausschluss.

Beispiel: Die X-KG besteht aus den Komplementären A und B und dem Kommanditisten C. Im Gesellschaftsvertrag ist bestimmt, dass A und B nur gemeinsam zur Vertretung berechtigt sind. Dies ist auch in das Handelsregister eingetragen. B scheidet aus der Gesellschaft aus, was weder in das Handelsregister eingetragen noch bekannt gemacht wird. Danach bestellt A im Namen der X-KG Waren bei V. Diesem ist das Ausscheiden des B aus der X-KG nicht bekannt. Kann V Zahlung des Kaufpreises von B verlangen?

Lösung: Anspruch aus § 433 II HGB i.V.m. §§ 161 II, 128 HGB

I. Vertrag mit der KG?

Problem: Fraglich ist, ob A mit Vertretungsmacht gehandelt hat.

Dies ist zu bejahen da nach dem Ausscheiden des B alleiniger Komplementär war.

II. Akzessorische Haftung des B?

Problem: Ob B für die Verbindlichkeit der KG haftet ist zweifelhaft, da B bei Entstehung der Kaufpreisforderung des V gegen die X-KG bereits aus der Gesellschaft ausgeschieden war, so dass er eigentlich nicht nach § 128 HGB haften würde.

Fraglich ist allerdings, ob B in Anwendung des § 15 I HGB nicht doch so zu behandeln ist, als sei er noch Gesellschafter. In diesem Fall wäre B zwar noch fiktiver Komplementär, ein wirksamer Vertragsschluss würde dann aber an der Fiktion fortbestehender Gesamtvertretungsmacht scheitern.

Nach einer Ansicht scheidet eine Haftung des B aus. V könne sich nur „entscheiden", ob er sich vollständig auf die wahre oder vollständig auf die fiktive Rechtslage gem. § 15 I HGB berufe. In der wahren Rechtslage fehle dem B die Stellung als Komplementär, in der fiktiven Rechtslage fehle es mangels Gesamtvertretung schon an einer Verbindlichkeit der KG. In beiden Rechtslagen scheide ein Anspruch gegen B folglich aus, weshalb V von B keine Zahlung verlangen könne.

Der **BGH** (h.M.) spricht sich dennoch für die Anwendung des § 15 I HGB aus. Die Voraussetzungen des § 15 I HGB lägen vor, insbesondere sei das Ausscheiden eines Komplementärs aus einer KG nach §§ 161 II, 143 II HGB eintragungspflichtig. Mithin könne sich V hinsichtlich des Vertragsschlusses auf die tatsächliche und hinsichtlich der Gesellschafterstellung des B auf die fiktive Rechtslage gem. § 15 I HGB berufen („**Rosinentheorie**").

Für die **h.M.** spricht vor allem der Wortlaut des § 15 I HGB. Hier ist davon die Rede, dass die eintragungspflichtige Tatsache einem anderen (hier dem V) „nicht entgegengesetzt" werden könne. Dies spricht dafür, von einem Einwendungsausschluss auszugehen. Gegen die Haftung für die durch A in der wahren Rechtslage begründete Verbindlichkeit der KG kann B also nicht einwenden, dass er kein Gesellschafter mehr sei. Dies ist ihm gem. § 15 I HGB verwehrt.

Der Anspruch gem. § 433 II BGB i.V.m. §§ 161 II, 128 HGB gegen B besteht also.

III. Die Rechtslage bei richtiger Eintragung und Bekanntmachung, § 15 II HGB

1. Die Regelung des § 15 II 1 HGB

Die auf den ersten Blick selbstverständlich erscheinende Regelung hat folgende nicht unerhebliche Bedeutung: Eintragung und Bekanntmachung zerstören bei einer Änderung der bisherigen rechtsgeschäftlichen Lage den durch die alte Rechtslage geschaffenen Vertrauenstatbestand. Dies gilt für jeden Vertrauenstatbestand, der sich aus der bloßen „Praktizierung" der Rechtslage ergibt. Darüber hinausgehende Rechtsscheine, die gesondert geschaffen wurden, werden durch § 15 II 1 HGB jedoch nicht zerstört.

Beispiel: Die Eintragung und Bekanntmachung der Entziehung der Prokura zerstört den Vertrauenstatbestand, der aus dem bisherigen Auftreten des Prokuristen im Rechtsverkehr entstanden ist. Hat der Prokurist jedoch noch eine Urkunde über die Prokuraerteilung in Händen und schließt unter deren Vorlage ein Rechtsgeschäft ab, ist § 172 II BGB im Verhältnis zu § 15 II 1 HGB vorrangig (Canaris, § 5 Rn 36, 38 f.; Roth in: Koller/Roth/Morck, § 15 Rn 24; a.A. MK-Krebs, § 15 Rn 79).

Im Ergebnis dient somit die rechtsscheinzerstörende Eintragung und Bekanntmachung dem **Schutz des Eintragungspflichtigen**.

2. Die Regelung des § 15 II 2 HGB

§ 15 II 2 HGB verlängert die negative Publizität des § 15 I HGB um 15 Tage („**Schonfrist**"). Hierfür ist jedoch Bedingung, dass der Dritte nachweist, dass er schuldlos von der Tatsache nichts wusste. Für Nicht-Kaufleute gilt der Fahrlässigkeitsmaßstab des § 276 II BGB, für Kaufleute hingegen der strenge Maßstab der „Sorgfalt eines ordentlichen Kaufmanns" gem. § 347 I HGB.

Seit der Einführung des elektronischen Handelsregisters und der dadurch ganz wesentlich erleichterten Einsichtnahme wird man **Kaufleuten** jedenfalls bei größeren Geschäften eine Einsichtspflicht auferlegen müssen und eine Berufung auf die Schonfrist nicht mehr gestatten können (Henssler/Strohn-Wamser, § 15 Rn 7; Paefgen, ZIP 2008, 1653, 1655 f.).
Ob dies auch für Alltagsgeschäfte gilt, ist streitig (bejahend: B/H-Hopt, § 15 Rn 14; MK-Krebs, § 15 Rn 73; ablehnend, da dies an den Realitäten eines schnellen kaufmännischen Rechtsverkehrs vorbeigehe: Paefgen, ZIP 2008, 1653, 1655 f.; Canaris, 5/33).

Bei **Nicht-Kaufleuten** dürfte eine Nachforschungspflicht jedenfalls bei Alltagsgeschäften entfallen (Canaris, 5/33; a.A. MK-Krebs, § 15 Rn 73).

Ein Fall des „Kennenmüssens" liegt aber jedenfalls dann vor, wenn aufgrund besonderer Umstände im Einzelfall die Einsichtnahme ins Handelsregister oder eine sonstige Überprüfung der wahren Rechtslage angezeigt schien.

IV. Positive Publizität gem. § 15 III HGB

§ 15 III HGB regelt ebenfalls einen **Fall der Rechtsscheinhaftung**. Dabei geht es hier um das Vertrauen in unrichtig bekannt gemachte Tatsachen, weshalb bei § 15 III HGB auf das (falsche) „Reden" und nicht wie bei § 15 I HGB auf das „Schweigen" vertraut wird. Folglich regelt § 15 III HGB eine „positive" und keine „negative" Publizität.

Bis zur Einfügung des § 15 III HGB im Jahre 1969 war eine (eingeschränkte) positive Publizität von Registereintragungen gewohnheitsrechtlich in folgendem Umfang anerkannt: Wer eine unrichtige Eintragung zum Handelsregister abgibt oder schuldhaft nicht beseitigt, muss sich gutgläubigen Dritten gegenüber so behandeln lassen, als sei die Eintragung richtig (**„Ergänzungssatz" zu § 15 I HGB**; Canaris, § 5 Rn 43).

Nunmehr „ersetzt" § 15 III HGB im Rahmen seines Anwendungsbereichs diesen Gewohnheitssatz. Zweifelhaft und heftig umstritten ist jedoch zum einen, welche Fallgruppen § 15 III HGB regelt (unten 1.) und zum anderen, wie § 15 III HGB im Rahmen der von ihm erfassten Fälle auszulegen ist (unten 2.).

1. Anwendungsbereich

a) Reine Bekanntmachungsfehler

Unstreitig anwendbar ist § 15 III HGB auf eine richtig eingetragene, aber falsch bekannt gemachte Tatsache (Wortlaut!), gleichgültig, ob der Kundgabefehler dem Registergericht oder dem Publikationsorgan unterläuft.

b) Eintragungs- und Bekanntmachungsfehler

Erst recht anwendbar ist § 15 III HGB nach g.h.M., wenn die Tatsache nicht nur falsch bekannt gemacht, sondern auch falsch eingetragen war, denn dann ist der durch sie erzeugte Rechtsschein noch stärker.

c) Reine Eintragungsfehler

Der Wortlaut des § 15 III HGB erfasst diesen Fall **nicht**. Für isolierte Eintragungsfehler wird nach allgemeinen Rechtsscheingrundsätzen (vgl. den obigen „Ergänzungssatz" zu § 15 I HGB) gehaftet.

2. Einschränkende Auslegung

Die vom Wortlaut des § 15 III HGB gedeckte reine Rechtsscheinhaftung wird fast allgemein abgelehnt.

Beispiel: Privatier P wird infolge Namensverwechslung fälschlich als Gesellschafter der ABC-OHG (eingetragen und) bekannt gemacht: Soll er allein deshalb gem. § 128 HGB für die Schulden der OHG haften? Schuldet die OHG aus einem von P in ihrem Namen geschlossen Vertrag Erfüllung?

Der zu weit geratene Wortlaut des § 15 III HGB könnte eine reine Zufallshaftung für fremde (Bekanntmachungs-)Fehler begründen. Die h.M. begrenzt die Haftung aus § 15 III HGB deshalb durch das **Veranlasserprinzip**: Nur derjenige werde verpflichtet, der die unrichtige Verlautbarung irgendwie – und sei es auch durch eine richtige Anmeldung – veranlasst habe (Baumbach//Hopt, § 15 Rn 19).

3. Prüfungsfolge bei § 15 III HGB

a) (Abstrakt) eintragungspflichtige Tatsache in Angelegenheiten des Anspruchsgegners. Das bedeutet: Eine solche Tatsache, die *bei Unterstellung ihrer Richtigkeit* eintragungspflichtig wäre (Canaris, § 5 Rn 47).

b) Unrichtige Bekanntmachung (und/oder Eintragung; str, vgl. oben 1.).

c) Veranlassung der unrichtigen Verlautbarung durch den Anspruchsgegner (vgl. oben 2.).

d) Unkenntnis des Dritten von der wahren Sachlage. Die Bildung eines konkreten Vertrauens ist aber auch hier (wie bei § 15 I HGB) nicht erforderlich (Jung, Kap. 3 Rn 23). Voraussetzung ist dies allerdings nach wie vor für die allg. Rechtsscheinshaftung.

e) Zugehörigkeit des rechtsbegründenden Vorgangs zum „Geschäftsverkehr" (arg. § 15 IV HGB).

Die Publizitätswirkungen des Handelsregisters gem. § 15 HGB

REGELUNG	REGISTERLAGE	VERTRAUENSLAGE DES DRITTEN	WIRKUNG DER REGISTERPUBLIZITÄT
§ 15 I HGB	Eintragungspflichtige Tatsache, die nicht eingetragen und/ oder bekanntgemacht ist	Der Dritte geht vom Nichtbestehen der eintragungspflichtigen Tatsache aus; konkretes Vertrauen ist nicht nötig	▸ **Negative Publizität**; der Dritte muss sich die Tatsache nicht entgegensetzen lassen, kann also auf „das Schweigen" vertrauen
§ 15 II HGB	Richtig eingetragene und bekanntgemachte eintragungspflichtige Tatsache	Der Dritte vertraut auf eine (auf einem Rechtsschein basierende) Rechtslage, welche der Bekanntmachung widerspricht	S. 1: Der Rechtsschein ist durch die Bekanntmachung zerstört; das Vertrauen des Dritten ist nicht (mehr) schutzwürdig Ausnahme gem. S. 2: innerhalb der 15-tägigen „Schonfrist"
§ 15 III HGB	Unrichtige Bekanntmachung einer eintragungspflichtigen Tatsache	Der Dritte kennt die Unrichtigkeit der Bekanntmachung nicht und es bestand die abstrakte Möglichkeit der Vertrauensbildung	▸ **Positive Publizität**; der Dritte kann sich – im Rahmen des Veranlasserprinzips – auf die unrichtige Bekanntmachung berufen

V. Vertrauenshaftung im Handelsrecht außerhalb des Handelsregisters

In Rspr. und Schrifttum grundsätzlich anerkannt, wenn auch in den Einzelheiten keineswegs geklärt, sind die Grundsätze der Rechtsscheinhaftung im Handelsrecht. Danach muss sich derjenige, der im kaufmännischen Geschäftsverkehr einen Rechtsschein zurechenbar veranlasst, so behandeln lassen, als sei der Rechtsschein zutreffend, sofern ein anderer im Vertrauen auf die Richtigkeit des Rechtsscheins Rechtshandlungen vorgenommen hat und dieses Vertrauen nicht auf Fahrlässigkeit beruht (BGH, ZIP 1996, 1511).

Die Rechtsscheinhaftung ist Ausdruck des allgemeinen handelsrechtlichen Vertrauensschutzes. Dieser ist in zahlreichen Einzelvorschriften spezialgesetzlich geregelt (z.B. §§ 15 I, 15 III, 25 I, 27, 56 HGB), greift als allgemeines Rechtsprinzip aber auch dort ein, wo eine solche spezialgesetzliche Regelung fehlt.

Anwendungsfälle dieser Rechtsscheinhaftung sind die Lehre vom Scheinkaufmann, die Rechtsscheinhaftung in dem nach h.M. nicht geregelten Fall, dass eine Tatsache unrichtig ins Handelsregister eingetragen, allerdings richtig bekanntgemacht wurde (vgl. hierzu III 1 c) und die Rechtsscheinhaftung für die Eintragung und/oder Bekanntmachung nicht eintragungspflichtiger Tatsachen (Canaris, § 6 Rn 4).
Der (unzutreffende) Rechtsschein kann jedoch auch außerhalb des Handelsregisters geschaffen werden, z.B. durch unzutreffende Angaben auf Geschäftsbriefen, unberechtigtes Führen einer Firma (etc.). Ein Sonderfall der Rechtsscheinshaftung, der im gesamten Zivilrecht Anwendung findet, ist die Duldungs- bzw. Anscheinsvollmacht.
Infolge Rechtsscheinhaftung kommt insbesondere die persönliche Inanspruchnahme des Geschäftsführers einer GmbH in Betracht, sofern dieser im Geschäftsverkehr (z.B. durch Angaben auf seinen Geschäftsbriefen) den Eindruck erweckt, er handele als – unbeschränkt haftender – Einzelkaufmann. Gleiches gilt für den Geschäftsführer einer Komplementär-GmbH, wenn die KG entgegen § 19 II HGB nicht als „GmbH & Co. KG“ firmiert (BGHZ 71, 354, 357 f.).

Die Rechtsscheinhaftung tritt in derartigen Fällen neben die Haftung des tatsächlich verpflichteten Unternehmensträgers (im Regelfall eine GmbH).

Die Firma

Die „Firma“ ist gem. § 17 HGB der Name des Kaufmanns.

Ein Kaufmann kann gem. § 17 II HGB unter seiner Firma klagen und verklagt werden. Partei ist aber nicht die Firma, sondern der Inhaber. Das Urteil wirkt i.d.R. nur gegen und für den, der bei Eintritt der Rechtshängigkeit Inhaber war.

Zu beachten ist aber, dass der Kaufmann dies nicht muss. Er kann also auch unter seinem „normalen“ Namen klagen.

Der Kaufmann muss seine Firma zwecks Eintragung im Handelsregister zur Anmeldung bringen (§ 29 HGB).

Die Firma kann nur mit dem Handelsgeschäft (Unternehmenskern) veräußert werden (§ 23 HGB).

Vor allem wird der Begriff der „Firma“ im Kontext von Haftungsproblemen bei Unternehmensübernahmen prüfungsrelevant. Vor allem die §§ 25-27 HGB stellen entscheidend auf die Fortführung der Firma ab.

Als **Rechtsgrundlagen** finden sich: §§ 17–37a HGB; und zwar:

- Für Einzelkaufmann: § 19 I Nr. 1 HGB
- für Personengesellschaften: § 19 I Nr. 2–3 HGB
- für Aktiengesellschaften: § 4 AktG
- für Gesellschaften mit beschränkter Haftung: § 4 GmbHG
- für Unternehmergesellschaften: § 5 a I GmbHG
- für Genossenschaften: § 3 GenG.

Man unterscheidet drei **Arten von Firmen**, die sich im Wesentlichen historisch ausdifferenziert haben:

- **Personenfirma:** Der Name einer natürlichen Person wird als Firme verwendet, etwa Zingel KG.
- **Sachfirma:** Die Bezeichnung des Gegenstandes des Unternehmens dient zugleich als Firmenname, etwa „Jura-Skript GmbH“. Beides kann auch kombiniert werden, etwa „Maier Verlag OHG“.
- **Phantasiefirma:** Eine beliebige andere, i.d.R. möglichst werbewirksam gewählte Bezeichnung dient als Firma, etwa „Forward AG" oder „A-2-B GmbH“.

Es gelten die folgenden **Firmengrundsätze**:

- **Grundsatz der Firmenwahrheit:** Die Firma muss zur Kennzeichnung des Unternehmens geeignet sein und Unterscheidungskraft besitzen (§ 18 I HGB). Sie darf also keine unwahren oder täuschenden Angaben enthalten (§ 18 II HGB).

- **Grundsatz der Firmenöffentlichkeit:** Der Kaufmann wird unter seiner Firma in das Handelsregister (§§ 8 ff. HGB) eingetragen, und zwar in öffentlich beglaubigter Form (§ 12 I HGB). Die Einsicht in das Handelsregister ist jedem ohne Nachweis eines Bedarfes gestattet (§ 9 I HGB). Man spricht daher von Firmenöffentlichkeit.

- **Grundsatz der Unterscheidbarkeit:** Jede Firme muss sich von jeder an einem Ort bereits bestehenden Firma deutlich unterscheiden (§ 30 I i.V.m. § 18 I HGB). Jeder vorhandene Name eines Kaufmannes verhindert also neue, ähnliche oder gleichlautende Eintragungen. Man spricht daher auch vom Firmenmonopol. Ggfs. muss ein Zusatz dem Namen angefügt werden (§ 30 II HGB).

- **Grundsatz der Firmenkontinuität:** Die Firma kann ihren Inhaber überleben, d.h., sie darf bei Verkauf, Schenkung, Erbschaft oder vergleichbaren Erwerbsformen von einem neuen Kaufmann fortgeführt werden (§§ 22, 24, 21 HGB). Die Firma kann jedoch nicht als „Leerübertragung" ohne das zugrundeliegende Gewerbe übertragen werden (§ 23 HGB).

Definition: Die **Unterscheidungskraft** i.S.d. § 18 I HGB ist zu bejahen, wenn die Firma generell geeignet ist, den Kaufmann von anderen zu unterscheiden, also zu individualisieren.

Für eine **deutliche Unterscheidung** im Rahmen des § 30 I HGB ist nötig und erforderlich, dass keine ernstliche Verwechslungsgefahr besteht, wobei der Gesamteindruck der Firmen beziehungsweise das Klangbild für Auge und Ohr entscheidend ist.

Firmen- und Unternehmensfortführung, § 25 ff. HGB

Es entspricht der Verkehrsanschauung, dass die Gläubiger von Geschäftsverbindlichkeiten diese gegen „die Firma" sollen geltend machen können, gleichgültig, wer der derzeitige Firmeninhaber ist. Diese Vorstellung hat ihren gesetzlichen Niederschlag namentlich in den §§ 25 und 27 HGB (daneben aber auch in §§ 28, 130, 173 HGB) gefunden.

FÄLLE DES INHABERWECHSELS IN EINEM KAUFMÄNNISCHEN UNTERNEHMEN

Rechtsgeschäft unter Lebenden		Todesfall
§ 25 HGB Inhaberwechsel durch Erwerb unter Lebenden	**§ 28 HGB** Entstehung eines neuen Rechtsträgers (OHG/KG) durch Einbringung des Geschäfts in neue Gesellschaft	**§ 27 HGB** Inhaberwechsel durch den Erbfall

I. Der Haftungstatbestand des § 25 HGB

Hinter dieser Vorschrift steckt die folgende Regelungsidee:
Wer ein Handelsgeschäft unter der bisherigen Firmierung fortführt, setzt einen Anschein der Kontinuität. Vertragspartner können deshalb an sich darauf vertrauen, dass der neue Inhaber auch für die Alt-Verbindlichkeiten geradesteht.

§ 25 HGB normiert einen **gesetzlichen Schuldbeitritt** (Canaris, § 7 Rn 39; ganz h.M.) bei Fortführung der Firma durch den rechtgeschäftlichen Erwerber. Diese Vorschrift ist aber **keine Anspruchsgrundlage** (Jung, Kap. 5 Rn 10). Die Voraussetzungen im Einzelnen:

1. Erwerb unter Lebenden
2. Handelsgeschäft
3. Geschäftsfortführung
4. Fortführung der bisherigen Firma
5. Im Betrieb des Handelsgeschäfts begründete Verbindlichkeit
6. Kein Haftungsausschluss nach § 25 II HGB

1. Erwerb unter Lebenden

Der Erwerbsgrund ist unerheblich (z.B. Kauf, Schenkung, Pacht, Nießbrauch).
Achtung: Es muss nicht zwingend ein Rechtsgeschäft zwischen Altinhaber und Erwerber vorliegen. Es genügt z.B. wenn ein Neupächter dem Altpächter nachfolgt und beide nur mit dem Eigentümer Verträge geschlossen haben.

Doch kann § 25 HGB bei **Verkauf durch den Insolvenzverwalter nicht** eingreifen, da die Insolvenzgläubiger ihre Befriedigung bereits aus dem Kaufpreis erhalten. Sie sollen sich nur aus der vom Erwerber erbrachten Gegenleistung befriedigen, nicht dagegen durch Rückgriff auf das sonstige Vermögen des Erwerbers (vgl. OLG Düsseldorf, NJW-RR 1999, 1556; Großkomm/Hüffer, § 25 Rn 61).
Dies gilt auch, wenn die Veräußerung nicht durch den Insolvenzverwalter, sondern durch den Schuldner in der **Eigenverwaltung** erfolgt. Die Anwendung des § 25 I 1 HGB würde auch in der Eigenverwaltung zu einer Bevorzugung einzelner Insolvenzgläubiger führen, wodurch die übrigen Insolvenzgläubiger, die sich angesichts einer dadurch zu erwartenden Erlösschmälerung mit einer geringeren Verteilungsmasse zu begnügen hätten, benachteiligt würden. Eine Bevorzugung einzelner Insolvenzgläubiger widerspricht dem Grundsatz der gleichmäßigen Befriedigung aller Insolvenzgläubiger, der auch im Eigenverwaltungsverfahren Geltung beansprucht (BGH, II ZR 457/18, **RA 2021, 193**).

Die durch diese Besonderheiten des Insolvenzverfahrens bedingten Gesichtspunkte treffen aber auf die Fortführung eines überschuldeten Unternehmens **außerhalb** eines Insolvenzverfahrens **nicht** zu. § 25 HGB ist deshalb dann anwendbar, wenn ein in Insolvenz befindliches Unternehmen von einem Dritten außerhalb des Insolvenzverfahrens ohne Mitwirkung des Insolvenzverwalters lediglich tatsächlich fortgeführt wird (BGH, VIII ZR 423/12, JuS 2014, 454).

Problem: Wie wirken sich Mängel im Übernahmevertrag aus?

Mängel im Übernahmevertrag wirken sich nach h.M. auf die Anwendbarkeit des § 25 I 1 HGB nicht aus. So hat es auf die Haftung des Übernehmers keinen Einfluss, dass der Übernahmevertrag rückwirkend durch Anfechtung (§§ 119 ff, 142 I BGB) rückgängig gemacht wird oder das Unternehmen aufgrund eines Rücktrittsrechts zurückgewährt wird. Dies ist darauf zurückzuführen, dass es sich bei § 25 HGB um eine Ausprägung der Rechtsscheinhaftung handelt. Ein Rechtsschein der Firmenkontinuität wird aber auch dann hervorgerufen, wenn das Unternehmen nur für einen gewissen Zeitraum übertragen wird und dann an den Veräußerer zurückfällt (BGH, NJW 1984, 1186, 1187; Großkomm/Hüffer, § 25 Rn 39; Baumbach/Hopt, § 25 Rn 25; Jung, Kap. 5 Rn 9). Nach a.A. verdienen die Wertungen jedenfalls der §§ 123, 138 BGB Vorrang vor den Haftungserwartungen des Verkehrs (so Canaris, § 7 Rn 24; Heymann/Emmerich, § 25 Rn 19; MK/Lieb, § 25 Rn 50 ff.).

Für den **Todesfall** gilt **§ 27 HGB**.

2. Handelsgeschäft

Es muss sich dabei um einen **kaufmännischen Gewerbebetrieb** handeln, da nur dieser eine Firma führen kann (BGH, NJW 1992, 112; OLG Brandenburg, 11 U 25/10). Die Übernahme des Geschäftsbetriebs einer BGB-Gesellschaft durch eine KG führt folglich nicht zu einer Haftung nach § 25 I HGB, da keine Fortführung eines kaufmännischen Betriebs vorliegt (BGH, DB 1991, 2382; BGHZ 22, 239). Eine **analoge Anwendung** auf nicht kaufmännische Unternehmensträger (so K. Schmidt, § 8 II 1 a) **scheidet aus**, da der Nichtkaufmann noch nicht einmal die Möglichkeit hätte, einen Haftungsausschluss nach § 25 II HGB im Handelsregister eintragen zu lassen (ganz h.M.: Canaris, § 7 Rn 20; Köhler, WRP 2000, 922; Baumbach/Hopt, § 25 Rn 2).

3. **Geschäftsfortführung**
Die Haftung gem. § 25 I HGB knüpft nicht alleine an die Fortführung der Firma an. Es muss auch eine **Fortführung des Geschäfts an sich** vorliegen (vgl. statt aller Kindler, Grundkurs, § 5 Rn 34).

Rechtsprechungsauswertung und Examenstipp (Klassiker):

Teilweise Unternehmensfortführung: BGH, VIII ZR 321/08, JuS 2010, 261

Eine Unternehmensfortführung i.S.v. § 25 I HGB liegt auch dann vor, wenn nur ein Teil des Unternehmens fortgeführt wird, sofern es sich nach den gesamten für den Rechtsverkehr in Erscheinung tretenden Umständen um den – den Schwerpunkt des Unternehmens bildenden – wesentlichen Kernbereich handelt. Für die Frage, ob der wesentliche Kernbereich eines Unternehmens fortgeführt wurde, kommt dem Wert der Unternehmensteile maßgebliche Bedeutung zu.

Sukzessive Unternehmensübernahme: BGH, VIII ZR 192/06, JuS 2009, 185

Auch eine sukzessiv erfolgte Unternehmensübernahme kann eine Fortführung i.S. von § 25 I 1 HGB sein. Dass es zeitweilig zu einer parallelen Existenz von Alt- und Neuunternehmen kommt, ist unschädlich (BGH, III ZR 116/11). Maßgeblich dafür ist, ob sich für den Rechtsverkehr die Betätigung des übernehmenden Unternehmens als Weiterführung des ursprünglichen Unternehmens in seinem wesentlichen Bestand darstellt

4. **Fortführung der bisherigen Firma**
Ausreichend aber auch notwendig ist, dass der „**Firmenkern**" fortgeführt wird.
Unwesentliche Änderungen lassen die Haftung unberührt (BGH, NJW 1982, 578: Weglassen des Vornamens und Beifügen des Geschäftszweiges sind unerheblich). Insbesondere liegt eine Firmenfortführung auch vor, wenn ein Inhaberzusatz weggelassen wird (LG Koblenz, NJW-RR 2002, 35). Eine Fortführung der bisherigen Firma liegt auch dann noch vor, wenn das Unternehmen nunmehr von einer KG statt – wie bisher – von einer GmbH betrieben wird, solange nur der Geschäftsverkehr damit die Vorstellung einer Unternehmenskontinuität verbindet (BGH, NJW 1992, 912; Jung, Kap 5 Rn 9; a.A. Canaris, § 7 Rn 29). Auf die Berechtigung zur Firmenfortführung (§ 22 HGB) kommt es nicht an. Entscheidend ist die äußerliche Kontinuität der Verhältnisse (BGH, WM 1985, 1475; BGH, NJW 1984, 1186: auch bei Pächterwechsel; OLG Brandenburg, NJW-RR 1999, 395; Jung, Kap. 5 Rn 9).

Beispiel: Bei der Firmierung „Autohandel Geppert GmbH" ist der „Firmenkern" „Geppert". Wenn also z.B. der neue Inhaber die Firmierung „Autohaus Geppert GmbH" wählt, ändert dies nichts an der Fortführung des Firmenkerns „Geppert". Wenn aber die Firmierung lautet „Autohandel Kuhnert GmbH", dann wird der Firmenkern nicht fortgeführt und eine Haftung nach § 25 I HGB scheidet aus.

Eine nur kurze, zwischenzeitliche Umfirmierung eines Unternehmens steht der Haftung für eine Firmenfortführung gem. § 25 I HGB nicht entgegen, wenn die nach außen in Erscheinung tretende Kontinuität des Unternehmens dadurch nicht beeinträchtigt wird (BGH, JuS 2010, 261).

Wird die **Firma nicht fortgeführt**, sind die §§ 25 I und II HGB nicht anwendbar. Es gelten nach h.M. lediglich § 25 III HGB und die allgemeinen Haftungstatbestände des BGB (BGH, NJW-RR 2004, 1173, 1174; MK-Lieb, § 25 Rn 61; Canaris, § 7 Rn 29; a.A. K. Schmidt, § 8 II 1 c)).

Beachte: Nicht jede Bezeichnung, unter der ein Kaufmann auftritt, ist eine Firma. Es ist daher im Rahmen des § 25 I 1 HGB stets zu prüfen, ob es sich bei der gewählten Bezeichnung überhaupt um eine Firma im rechtlichen Sinne handelt. Insbesondere verwenden Gewerbetreibende und Freiberufler häufig werbewirksame sog. **Geschäfts- bzw. Etablissementbezeichnungen**. Diese Bezeichnungen sind **im Gegensatz zur Firma** nicht Unternehmensträger, sondern das Handelsgeschäft/ Geschäftslokal. (LG Leipzig, 07 O 3974/09) Der Gesetzgeber hat sich für eine klare Abgrenzung entschieden, wonach eine **Firma nur dann** vorliegt, **wenn der Bezeichnung ein Rechtsformzusatz beigefügt** ist. Folglich können nun alle Bezeichnungen als Geschäfts- bzw. Etablissementbezeichnungen verwendet werden, solange diese nur keinen Rechtsformzusatz oder sonstigen Zusatz über die Kaufmannseigenschaft enthalten.

Keine Firmierung sind also z.B. „Café Karin“ oder „Gemaltes Haus“ (vgl. OLG Brandenburg, 11 U 25/10 und VGH Mannheim, 2 S 1652/11).

Beachte: Bei Verbindung mit dem Arbeitsrecht: Beim arbeitsrechtlichen **Betriebsübergang gem. § 613a BGB** spielt die Fortführung der Firmierung hingegen überhaupt keine Rolle.

5. Im Betrieb des Handelsgeschäfts begründete Verbindlichkeit

§ 25 I HGB begründet natürlich keine Haftung des neuen Inhabers für private Verbindlichkeiten des Altinhabers.

6. Kein Haftungsausschluss nach § 25 II HGB

Zur Wirksamkeit eines Haftungsausschlusses im Außenverhältnis ist erforderlich, dass ohne Verzögerung eine Eintragung im Handelsregister erfolgt und der Ausschluss bekannt gemacht wird oder dem Dritten mitgeteilt wird. Dem § 25 II HGB ist also das ungeschriebene Merkmal **„unverzüglich“** hinzuzufügen. Das Risiko einer verzögerten Eintragung und Bekanntmachung trifft den neuen Unternehmensträger; es kommt weder auf dessen Verschulden noch auf ein solches des Registergerichts an (OLG Hamm, ZIP 1998, 2092; Großkomm/Hüffer, § 25 Rn 100; MK/Lieb, § 25 Rn 115; a.A. Canaris, § 7 Rn 35, da es sonst zu einer Haftung ohne tragfähigen Zurechnungsgrund kommen würde). Ist weder das eine noch das andere erfolgt, kann sich der Erwerber nicht darauf berufen, er habe die Haftung für Altverbindlichkeiten des übernommenen Unternehmens ausgeschlossen (BGH, NJW 1984, 1186; BGH, WM 1992, 736, 738). Insofern korrespondiert § 25 II HGB mit § 15 I HGB.

Dem Altgläubiger schadet es nicht, wenn er auf andere Weise als durch Mitteilung seitens des Erwerbers oder des Veräußerers von dem vereinbarten Haftungsausschluss erfährt (BGHZ 29, 1, 4; Großkomm/Hüffer, § 25 Rn 101; MK-Lieb, § 25 Rn 117; a.A. Canaris, § 7 Rn 36). § 25 II HGB regelt somit keinen Gutglaubenstatbestand, sondern macht **strikte Formvorgaben**.

Problem: Ermöglicht § 25 II HGB auch einen teilweisen Haftungsausschluss?

Der Ausschluss muss nicht in vollem Umfang erfolgen, er kann auch nur einzelne Forderungen erfassen. Die Beschränkung auf einen bestimmten Prozentsatz ist ebenfalls möglich. Beides ergibt sich aus einem Erst-Recht-Schluss: Wenn schon der völlige Ausschluss möglich ist, dann natürlich auch der teilweise.
Die Vereinbarung eines absoluten Höchstbetrages, z.B. bis zur Höhe von 200.000 €, ist dagegen den Gläubigern gegenüber unwirksam, da nicht voraussehbar ist, welche Verbindlichkeiten ausgeschlossen sein sollen (RGZ 152,78).

Beachte: Der Ausschlusstatbestand des § 25 II HGB ist nur eine Sonderregelung zu § 25 I HGB und findet **keine Anwendung** auf andere zwingende Haftungstatbestände wie z.B. die Regelungen zum Betriebsübergang in **§ 613a BGB** (Jung, Kap. 5 Rn 11).

Klausurhinweis:

Es wurde oben bereits darauf hingewiesen, dass Partei nicht „die Firma" ist, sondern der Kaufmann (vgl. § 17 II HGB). Für die Frage, wer Partei ist, gilt: Für den Kläger ist der Zeitpunkt der Anhängigkeit (Einreichung bei Gericht) maßgeblich. Für den Beklagten hingegen der Zeitpunkt der Rechtshängigkeit, also der Zustellung. (T/P, Vor § 50 Rn 7)

Beispiel: G verklagt den Kaufmann S unter seiner Firma F. Nach Rechtshängigkeit veräußert S sein Geschäft unter den Voraussetzungen des § 25 I HGB an D. Dies Berührt den Rechtsstreit zwischen G und S nicht. Es ist aber das Rubrum zu berichtigen und S nunmehr als „normale" natürliche Person aufzuführen.

Beachte: Denken Sie insoweit an das Problem der Veräußerung der streitbefangenen Sache.

7. Rechtsfolge

Der Erwerber haftet mit seinem ganzen Vermögen als Gesamtschuldner **neben dem Veräußerer** (zu dessen Gunsten die Schuld nun in spätestens 5 Jahren nicht mehr durchgesetzt werden kann, **§ 26 HGB**, sog. Nachhaftungsbegrenzung) als **Gesamtschuldner**. Auf den Rechtsgrund der Verbindlichkeiten kommt es nicht an, weshalb auch deliktische Ansprüche unter § 25 I 1 HGB fallen. Von der Haftung ausgenommen sind lediglich Verbindlichkeiten aus Privatgeschäften oder anderen Unternehmen des Veräußerers (vgl. § 344 HGB; Jung, Kap. 5 Rn 10).
Dem neuen Inhaber stehen gem. **§ 417 BGB analog** alle **Einwendungen** des ehemaligen Firmeninhabers zu.

Mit der Übernahme des Unternehmens gelten gem. **§ 25 I 2 HGB** grds. auch die **Forderungen**, die das Unternehmen gegen Dritte hat, als auf den Erwerber übergegangen. Daraus, dass die Forderungen nur als übergegangen „gelten", folgt, dass § 25 I 2 HGB **keinen echten Rechtsübergang** anordnet, der auch im Verhältnis zu Dritten wirken würde, sondern als bloße **Schuldnerschutzvorschrift** anzusehen ist (Großkomm/Hüffer, § 25 Rn 68; MK-Lieb, § 25 Rn 101 ff.; Canaris, § 7 Rn 65).
Prozessual wirkt sich § 25 I 2 HGB als Vermutung zugunsten des Erwerbers aus, die jedoch widerleglich ist (Baumbach/Hopt, § 25 Rn 27; MK-Lieb, § 25 Rn 105; Canaris, § 7 Rn 67).

Der Forderungsübergang gem. § 25 I 2 HGB setzt voraus, dass der bisherige Inhaber der Fortführung der Firma zugestimmt hat (vgl. dazu BGH, ZIP 1994, 942). Ist die Einwilligung unwirksam, ist § 25 I 2 HGB nicht anwendbar (Großkomm/Hüffer, § 25 Rn 65).

§ 25 I 2 HGB findet keine Anwendung, wenn die rechtsgeschäftliche Übertragung der Forderung durch Abtretung gem. **§ 399 BGB** ausgeschlossen wäre (BGH, WM 1992, 736, 737; Großkomm/Hüffer, § 25 Rn 67). Beachte aber, dass bei Forderungen aus einem beiderseitigen Handelsgeschäft die Abtretung nicht ausgeschlossen werden kann, **§ 354a HGB**.
§ 25 I 2 HGB gilt weiterhin nur für solche Forderungen, die ohne Wahrung einer besonderen Form übertragbar sind. Andernfalls würde der jeweilige Formzweck verfehlt (vgl. nur Großkomm/Hüffer, § 25 Rn 67). Besteht z.B. für die Forderung eine Hypothek, geht diese nicht ohne weiteres wegen der Unternehmensübertragung auf den Erwerber über (vgl. § 1154 BGB).

Rechtsfolge des § 25 I 2 HGB ist, dass ein Schuldner nach der Übertragung des Unternehmens nunmehr mit befreiender Wirkung auch an den Erwerber leisten kann, nicht aber, dass die Forderung auf den Erwerber übergegangen ist. Der Schuldner wird aber auch dann befreit, wenn er an den Veräußerer leistet. Das folgt nicht aus § 407 BGB, sondern schlicht daraus, dass der Veräußerer der wahre Gläubiger ist. Hieran ändert § 25 I 2 HGB nichts, da diese **Schuldnerschutzvorschrift** nicht zu dessen Nachteil verkehrt werden darf.

Fraglich ist, wer die **Zuständigkeit zur Einklagung** der Forderung hat, was z.B. zur Herbeiführung einer Hemmung der Verjährung relevant ist. Nach BGH liegt diese Zuständigkeit beim Erwerber, weil die Forderung gegenüber dem Schuldner als auf den Erwerber übergegangen gelte (BGH, WM 1992, 736, 738). Nach a.A. liegt diese Zuständigkeit beim Veräußerer, da es diesem möglich sein müsse, sich auf die wahre Rechtslage zu berufen und die Vermutung des § 25 I 2 HGB zu widerlegen (so z.B. Canaris, § 7 Rn 76).
Folgt man dem BGH droht hier ein „toter Punkt", nämlich dass der Alt-Schuldner gar nicht zahlt, weil der Alt-Inhaber klagen will, aber nicht darf und der Neu-Inhaber mangels Interesse (beachte § 816 II BGB) nicht klagen will, aber dürfte.
Dies ließe sich prozessual wie folgt auflösen: Der Alt-Inhaber müsste sich vom Neu-Inhaber analog § 185 BGB Einzugsermächtigung einräumen lassen. Hieraus würde dann eine gewillkürte Prozessstandschaft des Alt-Inhabers folgen. Weigert sich der Neu-Inhaber, dürfte sich aus § 242 BGB eine Treuepflicht ergeben, die entweder auf eigene Einziehung des Geldes und Weiterleitung an den Alt-Inhaber gerichtet ist, oder auf Erteilung der Einzugsermächtigung. Der Alt-Inhaber erhebt insoweit am besten Klage auf Abgabe einer Willenserklärung, § 894 ZPO, nämlich auf Erteilung der Einzugsermächtigung.

Klausurhinweis:

Diese – extrem komplizierten – Konsequenzen der BGH-Rechtsprechung dürften zeigen, dass der Weg der Gegenansicht vorzugswürdig und deutlich verfahrensökonomischer sein dürfte. Dieser Ansicht wird deshalb empfohlen zu folgen.

Haben sich Veräußerer und Erwerber des Unternehmens darüber geeinigt, dass die Altforderungen nicht auf den Erwerber übergehen sollen, gilt das Folgende: Eine derartige Vereinbarung entfaltet zunächst nur Wirksamkeit im **Innenverhältnis**, so dass der Veräußerer einen Anspruch aus §§ 280 I, § 816 II BGB geltend machen kann, wenn der Erwerber abredewidrig Altforderungen von den Schuldnern einzieht. Im **Außenverhältnis** gilt eine von § 25 I 2 HGB abweichende Vereinbarung nur, wenn sie **unverzüglich** mit der Geschäftsübernahme im Handelsregister veröffentlicht oder dem Schuldner mitgeteilt wird (BGH, WM 1992, 736, 738; Großkomm/Hüffer, § 25 Rn 100 mwN). Wird erst mit erheblicher Verzögerung im Handelsregister eingetragen, dass ein Forderungsübergang nicht stattfindet, kann sich der Veräußerer gegenüber einem Dritten nicht gem. § 15 II HGB darauf berufen, dass eine Eintragung erfolgt sei. § 15 II HGB erfasst nämlich nur einzutragende, d.h. **anmeldungspflichtige** Tatsachen. Bei einer von § 25 I 2 HGB abweichenden Vereinbarung handelt es sich demgegenüber lediglich um eine **eintragungsfähige** Tatsache (Großkomm/Hüffer, § 15 Rn 33; Baumbach/Hopt, § 15 Rn 13).

RECHTSFOLGEN DES INHABERWECHSELS UNTER LEBENDEN GEM. § 25 HGB

Haftung für Alt-Schulden		Forderungsübergang auf Neu-Inhaber	
Firmen- und Geschäftsfortführung	Keine Firmenfortführung	Firmen- und Geschäftsfortführung	keine Firmen- und/oder Geschäftsfortführung
Neuinhaber: § 25 I 1, II HGB **Altinhaber: § 26 HGB**	**Neuinhaber: § 25 III HGB, ansonsten nur Haftung nach BGB**	**§ 25 I 2 HGB (Forderungen „gelten“ als übergegangen)**	**Nur § 398 BGB**

II. Die Nachhaftungsbegrenzung des Veräußerers nach § 26 HGB

Die Fünfjahresfrist ist keine Verjährungsvorschrift, sondern eine materiell-rechtliche (also von Amts wegen zu beachtende) Ausschlussfrist (Canaris, § 7 Rn 42).

III. Die Haftung des Erben nach § 27 HGB

1. Ererbtes
2. Handelsgeschäft
3. Geschäftsfortführung
4. Fortführung der bisherigen Firma
5. Kein Haftungsausschluss nach § 25 II HGB

Wird ein zu einem Nachlass gehörendes Handelsgeschäft von dem Erben fortgeführt, so finden gem. § 27 I HGB auf die Haftung des Erben für die früheren Geschäftsverbindlichkeiten die Vorschriften des § 25 entsprechende Anwendung.
Mithin droht dem Erben eine Haftung erstens aus dem Bereich des Erbrechts (Gesamtrechtsnachfolge, § 1922 BGB) und zweitens aus dem Bereich des Handelsrechts.

Der Erbe kann seine Haftung auf den Nachlass beschränken durch Nachlassverwaltung oder Nachlassinsolvenz (§§ 1975 ff. BGB). Weiterhin steht ihm die Dürftigkeitseinrede (§ 1990 BGB) zur Verfügung.

§ 27 HGB begründet insoweit eine **strengere Haftung.**

Hiervon wird der Erbe bei Firmenfortführung nur frei, wenn einer der <u>folgenden Fälle</u> eingreift:

- § 27 II HGB: Einstellung des Geschäfts innerhalb von 3 Monaten ab Kenntniserlangung von der Erbschaft.

Definition: **Einstellung**
Völlige Aufgabe des Geschäfts oder Veräußerung ohne Firma.
Nach h.M. liegt diese strenge Anforderung nicht vor bei bloß **nachträglicher Firmenänderung** (vgl. Wortlaut: „Fortführung des *Geschäftes*“).

- Haftungsbeschränkung gem. §§ 27 i.V.m. 25 II HGB

<u>Examenstipp (Klassiker):</u>

Anwendung des § 25 II HGB im Rahmen des § 27 HGB (Jung, Kap. 5 Rn 20)

- M.M.: § 25 II HGB sei im Rahmen des § 27 HGB nicht anwendbar, sonst laufe § 27 II HGB faktisch leer.
- H.M.: § 25 II HGB ist uneingeschränkt anwendbar neben § 27 I HGB.
  Argumente:
  - Der Wortlaut des § 27 HGB verweist uneingeschränkt auf § 25 HGB („die Vorschriften des § 25“).
  - Der Gläubiger ist nicht schutzlos, da die bürgerlich-rechtliche Haftung des Erben mit dem Nachlass (§§ 1967 i.V.m. 2059 I 1 BGB) ihn hinreichend sichert.
  - § 27 II HGB läuft nicht leer, da er den Fall regelt, dass der Erbe das ererbte Unternehmen gerade nicht fortführen möchte.

RECHTSFOLGEN DES INHABERWECHSELS VON TODES WEGEN GEM. § 27 HGB

Haftung für Alt-Schulden		Forderungsübergang auf Neu-Inhaber (Erben)	
Firmen- und Geschäftsfortführung	keine Firmen- und/oder Geschäftsfortführung	Firmen- und Geschäftsfortführung	keine Firmen- und/oder Geschäftsfortführung
§§ 1922, 1967, 1975 ff. BGB und § 27 i.V.m. § 25 I HGB	**ausschließlich gem. §§ 1922, 1967, 1975 ff. BGB**	**§§ 1922, 1967, 1975 ff. BGB und § 25 I 2 HGB**	**ausschließlich gem. §§ 1922, 1967, 1975 ff. BGB**

IV. Haftung bei „Eintritt“, § 28 HGB

Systematisch ist § 28 HGB ein Sonderfall des § 25 HGB, da er ebenfalls einen Inhaberwechsel unter Lebenden (hier vom Einzelkaufmann auf die Personengesellschaft) betrifft (Jung, Kap. 5 Rn 21).

Der Wortlaut des § 28 HGB ist missverständlich. Den „Eintritt“ in das Geschäft eines Einzelkaufmanns gibt es rechtlich nicht. Gemeint ist die Gründung einer neuen Personengesellschaft unter Einbringung eines Handelsgeschäfts (Jung, Kap. 5 Rn 21).

Beispiel: G betreibt einen Großgetränkehandel unter der Firmierung G Großgetränkehandel e.K. Als ihm die Arbeit zu viel wird, kauft sich H ein und beide werden Komplementäre der neu gegründeten G und H Getränke OHG.

Die neue Gesellschaft haftet gem. § 28 HGB unbeschränkt und gesamtschuldnerisch für die Schulden des bisherigen Inhabers G (**gesetzlicher Schuldbeitritt**). Damit haften auch die „eintretenden“ Gesellschafter nach §§ 128, 161 II, 171 ff. HGB. Wäre der bisherige Geschäftsinhaber Kommanditist geworden, wird dessen Nachhaftung in entsprechender Anwendung des § 26 HGB auf fünf Jahre befristet (§ 28 III 1 HGB).

a) Handelsgeschäft eines „Einzelkaufmanns“

b) Gründung einer Personenhandelsgesellschaft

c) Einbringung und Fortführung des Handelsgeschäfts

d) Fehlen einer abweichenden Vereinbarung

1. Voraussetzungen

a) Handelsgeschäft eines „Einzelkaufmanns“

Der „Eintritt“ muss in das Geschäft eines „Einzelkaufmanns“ erfolgen. Ob sich die Stellung als Kaufmann aus §§ 1, 2, 3 oder 5 HGB ergibt, spielt keine Rolle.

Problem: § 28 HGB bei Eintritt in ein bloßes Kleingewerbe:

Nach **h.M.** findet die Vorschrift über den Wortlaut „Einzelkaufmann“ hinaus aber auch Anwendung auf juristische Personen (Großkomm/Hüffer, § 28 Rn 10 f.) und auf nicht-kaufmännische Kleingewerbe (Jung, Kap. 5 Rn 22), wenn die durch den „Eintritt“ entstandene Gesellschaft eine OHG oder KG ist. Letzteres rechtfertigt sich aus einem Redaktionsversehen des Gesetzgebers. Ursprünglich war durch den vom Gesetzgeber verwendeten Begriff des „Einzelkaufmanns“ auch ein Kleingewerbetreibender erfasst, der nach dem alten HGB sog. „Minderkaufmann“ gem. § 4 HGB a.F. war. Bei Streichung der Rechtsfigur des Minderkaufmanns hat der Gesetzgeber übersehen, dass er dadurch den Kleingewerbetreibenden aus dem Anwendungsbereich des § 28 HGB herausnimmt, was vom Gesetzgeber gar nicht gewollt war.

Eine analoge Anwendung auf **Freiberufler** ist abzulehnen (BGH, IX ZR 161/09, JuS 2012, 357; Canaris, § 7 Rn 88).

Beachte: Hier greift § 28 HGB nicht, weil schon gar kein Gewerbe betrieben wird.

Für die Einbringung des Unternehmens in eine **Kapitalgesellschaft** findet § 28 schon nach seinem Wortlaut keine Anwendung. Diesen Fall erfasst § 25 HGB (Canaris, § 7 Rn 95; Jung, Kap. 5 Rn 22). Gleiches gilt für den Fall der Einbringung in eine bereits bestehende (!) Gesellschaft, da hier – gerade anders als vom Gesetz verlangt – der Einzelkaufmann in die Gesellschaft eintritt (Canaris, § 7 Rn 98). Dieser Fall ist vielmehr in § 130 HGB geregelt.

b) Gründung einer Personenhandelsgesellschaft

Durch den „Eintritt“ muss grundsätzlich eine **OHG oder KG neu entstehen**.

Im Unterschied hierzu regelt **§ 130 HGB** den Fall, dass in eine **bereits bestehende (!) Personengesellschaft** ein neuer Gesellschafter eintritt.

Problem: Fraglich ist, ob § 28 HGB auch dann analoge Anwendung findet, wenn die entstehende Gesellschaft bloß eine GbR ist:

Der **BGH** (Z 143, 327) hat diese Frage zunächst offengelassen. Er betont aber, dass nach gefestigter Rechtsprechung des BGH § 28 HGB die Kaufmannseigenschaft des Einzelunternehmens voraussetzt und die Norm keine Anwendung findet, wenn durch den „Eintritt“ keine OHG oder KG, sondern lediglich eine GbR entsteht. Bei analoger Anwendung droht vor allem eine Schlechterstellung der GbR im Vergleich zur OHG, da die OHG in der Lage ist, gem. § 28 II 1. Fall HGB einen Haftungsausschluss im Handelsregister eintragen zu lassen.

Nach a.A. (z.B. OLG Naumburg, NZG 2006, 711, 712 (BGH, NJW 2010, 3720, 3721: „gute Gründe“) ist die Analogie zu bejahen, da die GbR wegen ihres geringen Geschäftsumfangs auf die Möglichkeit der Registereintragung eines Haftungsausschlusses nicht angewiesen sei. Für die GbR genüge insoweit die gem. § 28 II 2. Fall HGB bestehende Möglichkeit, den Dritten die Nichtübernahme der Altverbindlichkeiten mitzuteilen.

c) Einbringung und Fortführung des Handelsgeschäfts

Im Unterschied zu § 25 HGB ist eine Fortführung der Firma nicht erforderlich. Die Wirksamkeit des Einbringungsvertrages ist wegen der Grundsätze der fehlerhaften Gesellschaft für die Haftung aus § 28 I 1 HGB nicht erforderlich (BGH, NJW 1972, 1466, 1467; Großkomm/Hüffer, § 28 Rn 12).

d) Fehlen einer abweichenden Vereinbarung

§ 28 II HGB entspricht § 25 II HGB.

2. Rechtsfolgen

Die neu gegründete Gesellschaft haftet gemäß § 28 HGB unbeschränkt und gesamtschuldnerisch für die Schulden des bisherigen Inhabers des Handelsgeschäfts (**Fall des gesetzlichen Schuldbeitritts**). Damit haften auch die „eintretenden“ Gesellschafter nach §§ 128, 161 II, 171 ff. HGB (BGH, IX ZR 65/01; MK-Lieb, § 28 Rn 30; Jung, Kap. 5 Rn 23; a.A. Canaris, § 7 Rn 92, da § 130 HGB sonst keinen eigenen Anwendungsbereich hätte).

Wurde der bisherige Geschäftsinhaber Kommanditist, wird dessen Nachhaftung in entsprechender Anwendung des § 26 HGB auf fünf Jahre befristet (§ 28 III 1 HGB).

Die Vertretung des Kaufmanns, §§ 48 ff. HGB

I. Die Prokura (§§ 48 ff. HGB)

1. Erteilung und Erlöschen

Die Prokura ist eine **Sonderform der Vollmacht** i.S.v. § 166 II BGB. Die §§ 164 ff. BGB sind daher auf die Prokura subsidiär anwendbar (Jung, Kap. 7 Rn 2). Die Prokura ist eine rechtsgeschäftliche Vertretungsmacht mit gesetzlich umschriebenem Umfang.

Sie muss von einem **Kaufmann** (oder seinem gesetzlichen Vertreter) persönlich und **ausdrücklich** an eine natürliche Person (Jung, Kap. 7 Rn 6) erteilt werden und ist gem. § 53 HGB im Handelsregister einzutragen. Zwar muss das Wort Prokura bei der Erteilung nicht erwähnt werden, dennoch scheidet eine **konkludente Prokuraverleihung** ebenso aus wie eine „Anscheinsprokura“ (Jung, Kap. 7 Rn 5).
Der Prokurist selbst ist nicht berechtigt, seinerseits Prokura zu erteilen.

Erteilt ein Nichtkaufmann Prokura, ist zu prüfen, ob er deshalb als Scheinkaufmann angesehen werden kann und sich deshalb an der scheinbaren Prokura festhalten lassen muss. Auch an eine Umdeutung gem. § 140 BGB in eine normale Vollmacht muss in diesem Fall gedacht werden (Jung, Kap. 7 Rn 3).

Problem: **Prokuraerteilung** im Rahmen von § 112 BGB:

Ermächtigt der gesetzliche Vertreter mit Genehmigung des Familiengerichts den Minderjährigen zum selbständigen Betrieb eines Erwerbsgeschäfts, so ist der Minderjährige gem. § 112 I 1 BGB für solche Rechtsgeschäfte unbeschränkt geschäftsfähig, welche der Geschäftsbetrieb mit sich bringt. Ausgenommen sind gem. § 112 I 2 BGB Rechtsgeschäfte, zu denen der Vertreter der Genehmigung des Familiengerichts bedarf.
Zu diesen genehmigungspflichtigen Rechtsgeschäften gehört gem. §§ 112 I 2, 1643 I, 1822 Nr. 11 BGB die Erteilung der Prokura. Folglich kann der gem. § 112 BGB ermächtigte Minderjährige eigenständig keine wirksame Prokura erteilen.

Beachte: Es kommt aber in Betracht, die unwirksame Prokura gem. § 140 BGB in eine Handlungsvollmacht gem. § 54 HGB umzudeuten.

Gem. § 48 II HGB kann die Prokura auch mehreren Personen gemeinschaftlich erteilt werden, die dann nur im Zusammenwirken eine Vertretung vornehmen können (**Gesamtprokura**). Durch die Gesamtprokura kann auch auf „Prokuristen-Ebene“ ein 4-Augen-Prinzip sichergestellt werden. Zur **passiven Vertretung** (also für den Empfang von Willenserklärungen) ist aber auch in diesem Fall jeder Prokurist alleine vertretungsbefugt.

Die Prokura ist nicht übertragbar (§ 52 II HGB).

Die Prokura **erlischt** durch die Beendigung des Grundverhältnisses (z.B. des Dienstvertrags), durch den Verlust der Kaufmannseigenschaft des Erteilers, durch den Tod des Prokuristen und bei Verlust der Geschäftsinhaberschaft des Erteilers. Darüber hinaus ist der Widerruf der Prokura jederzeit zulässig (§ 52 I HGB i.V.m. § 168 S. 2 und 3 BGB). Der formlos mögliche Widerruf kann sowohl gegenüber dem Prokuristen als auch gegenüber Dritten erklärt werden (Jung, Kap. 7 Rn 18).

Beachte: Die Prokura **erlischt nicht durch den Tod des Kaufmanns**, § 52 III HGB. Dadurch ist gewährleistet, dass das Geschäft bis zur Klärung der Nachfolgefrage fortgeführt werden kann.

2. **Der Umfang der Prokura im Außenverhältnis**
Der Umfang der Prokura ist in §§ 49, 50 HGB festgelegt und dient in seiner sehr großen Reichweite dem typisch handelsrechtlichen Verkehrsschutz: Der Prokurist darf alle Geschäfte vornehmen, die der Betrieb **irgendeines** Handelsgeschäfts mit sich bringt. Es muss sich dabei im Gegensatz zur Handlungsvollmacht nicht um branchenübliche oder gewöhnliche Geschäfte handeln.

Ausgeschlossen sind folgende Tätigkeitsbereiche:

- private Angelegenheiten des Geschäftsherrn (z.B. Testamentserrichtung gem. § 2064 BGB)
- **Inhabergeschäfte**, die dem Kaufmann kraft Gesetzes selbst vorbehalten sind wie z.B. die Prokuraerteilung (§ 48 I HGB)
- **Grundlagengeschäfte** (vgl. den Wortlaut „Betrieb“ in § 49 I HGB) wie Einstellung und Veräußerung des Betriebs, Änderung der Firma oder Änderung der Geschäftsanschrift (OLG Karlsruhe, 11 Wx 17/14)

Definition: **Grundlagengeschäfte** sind all diejenigen Geschäfte, die die Existenz, die Rechtsform und die rechtliche Ausgestaltung des Handelsgewerbes betreffen.

- Veräußerung und Belastung von Grundstücken, sofern die Prokura nicht ausdrücklich erweitert worden ist (§ 49 II HGB).

Rechtsprechungsauswertung und Examenstipp (Klassiker):

Vollmacht zur Belastung des gekauften Grundstücks: OLG Hamm, 15 Wx 117/11

Allerdings ist zu beachten, dass der Kauf von Grundstücken von der Beschränkung des § 49 II HGB nicht erfasst ist.
Im Wege **teleologischer Reduktion** wird von der h.M. davon ausgegangen, dass der Prokurist auch die Vollmacht hat, das zu erwerbende Grundstück mit einer dinglichen Sicherheit (z.B. für die darlehensgebende Bank) zu belasten. Sinn und Zweck der Vorschrift ist es nämlich, den Kaufmann davor zu schützen, dass er durch Veränderung oder Belastung eines ihm gehörenden Grundstücks einen Substanzverlust erleidet. Im vorliegenden Fall hat der Kaufmann aber nie lastenfreies Eigentum erworben. Er verliert also nichts, was er nicht vorher hatte.

3. **Die Beschränkung der Prokura im Innenverhältnis**
Beschränkungen der Prokura können im Innenverhältnis (Geschäftsführungsbefugnis) erfolgen. Im Außenverhältnis dagegen ist die Prokura unbeschränkbar, § 50 I HGB. Daraus ergibt sich eine **Einschränkung der Grundsätze des Missbrauchs der Vertretungsmacht**: Ein Dritter darf sich nur dann nicht auf die unbeschränkte Vertretungsmacht des Prokuristen berufen, wenn sich dies als ein Verstoß gegen die guten Sitten oder gegen Treu und Glauben darstellen würde (§§ 138 und 242 BGB). Dies ist anzunehmen

- wenn der Dritte bewusst mit dem Prokuristen zum Schaden des Geschäftsherrn zusammengearbeitet hat (Kollusion), oder

- wenn der Prokurist vorsätzlich zum Nachteil des Geschäftsherrn handelte und der Dritte dies erkannt hat oder ohne weiteres hätte erkennen müssen (Jung, Kap 7 Rn 12).

Die **Rechtsfolgen** eines derartigen Missbrauchs sind umstritten. Nach h.M. (BGHZ 50, 112 (114)) handelt der Prokurist zwar im Außenverhältnis mit Vertretungsmacht, jedoch steht dem Kaufmann der Einwand der Sittenwidrigkeit (§ 138 BGB bei Kollusion) bzw. des Rechtsmissbrauchs (§ 242 BGB bei Kenntnis oder Evidenz) zu. Nach a.A. steht das missbräuchliche Prokuristenhandeln einem Handeln ohne Vertretungsmacht gleich (§§ 177 BGB analog, Canaris, § 12 Rn 41).

4. Sonderfall der Gesamtprokura

Gem. § 48 II HGB kann die Prokura auch mehreren Personen gemeinschaftlich erteilt werden, die dann nur im Zusammenwirken eine Vertretung vornehmen können (Gesamtprokura).

Beachte: In diesem Fall gilt die Gesamtvertretung nur für die **aktive Vertretung**. Für den Empfang von Willenserklärungen (**passive Vertretung**) ist jeder Prokurist auch einzeln vertretungsbefugt (Rechtsgedanke der §§ 26 II 2 BGB, 125 II 3 HGB, 35 II 2 GmbHG).

5. Sonderfall der unechten Gesamtprokura (Synonym: unechte Gesamtvertretung).

Demgegenüber bezeichnet die unechte Gesamtprokura eine Gesamtvertretung des Prokuristen mit einem anderen Vertreter, beispielsweise mit einem Geschäftsführer oder Gesellschafter, vgl. **§ 125 III HGB**, § 78 III AktG. Der **Umfang der Vertretungsmacht** richtet sich in einem solchen Fall **nicht** nach **§ 49 II HGB**, sondern nach den Vorschriften über die organschaftliche Vertretungsmacht, wird also für den Prokuristen erweitert (BGHZ 99, 76, 81; Baumbach/Hopt, § 49 Rn 3; Canaris, 12/24; a.A. MK-Krebs, § 48 Rn 92 [nur Umfang der Prokura]). Anderenfalls würde das Organ nicht bloß an die Mitwirkung eines Prokuristen gebunden, sondern eines Teils seiner orgenschaftlichen Kompetenzen beraubt.

Eine Sonderform der unechten Gesamtprokura stellt die so genannte **halbseitige** Gesamtprokura dar, wonach der Prokurist nur zusammen mit einer anderen Person handeln kann, wobei die andere Person für sich allein vertretungsberechtigt bleibt. Im Bereich der Aktivvertretung kann damit der Prokurist alleine den Kaufmann nicht vertreten. Jedoch genügt im Bereich der Passivvertretung eine Erklärung alleine gegenüber dem Prokuristen. Auch schadet böser Glaube alleine in der Person des Prokuristen (Canaris, 12/28).

Ob auch eine halbseitige Gesamtprokura in der Form erteilt werden kann, dass der **Prokurist an die Zustimmung des Geschäftsinhabers gebunden** ist, ist umstritten.

- Teilweise wird diese Konstruktion abgelehnt (BayObLG, DB 1997, 2427; Baumbach/Hopt, § 48 Rn 7; Canaris, § 12 Rn 29). Es handele sich gar nicht um eine Gesamtvertretung, denn der Geschäftsinhaber könne nicht sein eigener Vertreter sein. Überdies sei diese Rechtsfigur sinnwidrig, weil in Wahrheit überhaupt keine Kompetenzübertragung auf den Prokuristen stattfinde. Darüber hinaus wäre diese Vertretungsform eine Umgehung des § 50 II HGB, da die Prokura „nur unter gewissen Umständen“ ausgeübt werden dürfe.

- Nach der Gegenansicht ist die Bindung des Prokuristen an eine Mitwirkung des Einzelkaufmanns zulässig (Bärwaldt/Hadding, NJW 1998, 1103; Roth in: Koller/Roth/Morck, § 48 Rn 20; Großkomm/Joost, § 48 Rn 104). Es handele sich nicht um eine Selbstbevollmächtigung des Geschäftsinhabers, sondern um die Bindung des Prokuristen an die Mitwirkung des Prinzipals. § 50 II HGB stehe nicht entgegen, da diese Vorschrift lediglich inhaltliche Beschränkungen der Prokura untersage, nicht aber Ausübungsbeschränkungen. Bei der Bindung an die Mitwirkung des Geschäftsinhabers bleibe aber der Umfang der Prokura unangetastet, lediglich die Frage, ob die Prokura ausgeübt werden dürfe, unterliege der Beschränkung.

Unzulässig ist in jedem Fall eine Bindung des Einzelkaufmanns an die Zustimmung des Prokuristen, da dann der Prinzipal nicht mehr unabhängig handeln könne (MK/Krebs, HGB, § 48 Rn 81).

II. Die Handlungsvollmacht (§ 54 HGB)

Die Handlungsvollmacht erfasst – gerade im Unterschied zur Prokura – nur **branchenübliche** Geschäfte.

Auch die Handlungsvollmacht ist eine rechtsgeschäftliche Vertretungsmacht mit gesetzlich umschriebenem Inhalt. Sie nimmt eine Zwischenstellung zwischen der Prokura und der einfachen BGB-Vollmacht ein. Im Gegensatz zur Prokura wird sie jedoch wie eine normale Vollmacht nach den allgemeinen Regeln der §§ 167, 171 BGB erteilt. Damit kann sie im Gegensatz zur Prokura auch konkludent oder im Wege der Duldung **erteilt** werden (Jung, Kap. 7 Rn 20). Auch ist sie mit Zustimmung des Geschäftsinhabers übertragbar (§ 58 HGB). Wie die Prokura kann sie **jederzeit widerrufen** werden.

Eine fehlgeschlagene Prokura-Erteilung kann u.U. in eine Handlungsvollmacht umgedeutet (140 BGB) werden.

Es sind in § 54 I HGB **drei Arten der Handlungsvollmacht** zu unterscheiden, deren Umfang gesetzlich nur vermutet wird:

- **General(handlungs)vollmacht**: Ermächtigung zu allen Handlungen, die der Betrieb eines derartigen Handelsgewerbes gewöhnlich mit sich bringt (z.B. Filialleiter ohne Prokura oder Stationsleiter einer Tankstelle [nach OLG Hamm, 19 U 85/10, ist dieser auch zur Abgabe eines Schuldanerkenntnisses wegen Falschbetankung vertretungsbefugt]).
- **Gattungs(handlungs)vollmacht**: Ermächtigung zur Vornahme einer bestimmten Art von Geschäften, die das konkrete Handelsgewerbe gewöhnlich mit sich bringt (z.B. Kellner, Kassiererin im Kaufhaus)
- **Spezial(handlungs)vollmacht:** Ermächtigung zur Vornahme eines einzelnen Handelsgeschäfts

Die Handlungsvollmacht unterliegt denselben Beschränkungen wie die Prokura, ist aber noch enger als die Prokura: Branchenunübliche und ungewöhnliche Geschäfte sowie Wechselverbindlichkeiten und Darlehen fallen nicht unter die Handlungsvollmacht (§ 54 II HGB). Weiterhin fehlt dem Handlungsbevollmächtigten die Befugnis zur Prozessführung.

Beispiel: Ein Filialleiter eines Großunternehmens hat Generalhandlungsvollmacht. Diese erfasst i.d.R. nicht die Bestellung einer neuen Ladeneinrichtung, da diese üblicherweise zentral durch die Unternehmensleitung selbst erfolgt, um ein einheitliches Auftreten des Unternehmens nach außen zu gewährleisten.

Vertraglich sind weitere Beschränkungen beliebig zulässig. Diese können jedoch gem. § 54 III HGB Dritten nicht entgegengehalten werden, wenn sie die Beschränkungen nicht kannten oder kennen mussten. Es kann auch Gesamthandlungsvollmacht erteilt werden.

III. Gegenüberstellung von Prokura und Handlungsvollmacht

	PROKURA	HANDLUNGSVOLLMACHT
Wer darf Vollmacht erteilen?	Nur der Kaufmann (oder der gesetzliche Vertreter) persönlich. Bei einer Gesellschaft das vertretungsberechtigte Organ der Gesellschaft.	Kann auch durch Prokuristen oder sonst hierzu Ermächtigte erteilt werden (Untervertretung, vgl. auch § 58 HGB)
Wie wird die Vollmacht erteilt?	Nur durch ausdrückliche Erklärung (§ 48 I HGB)	Auch stillschweigend (konkludent) möglich
Handelsregister	Muss eingetragen werden (§ 53 I HGB)	Weder eintragungspflichtig, noch eintragungsfähig
Umfang der Vertretungsmacht	Alle Geschäfte die **irgendein** Handelsgewerbe auch an ungewöhnlichen Geschäften mit sich bringt (§ 49 I HGB).	Enger: Alle Geschäfte, die ein **derartiger** Betrieb **gewöhnlich** mit sich bringt (§ 54 I HGB).
Beschränkbarkeit /Gestaltbarkeit des Umfangs der Vertretungsmacht	Gesetzlich festgelegt, ggü. Dritten gem. § 50 HGB nicht beschränkbar. Allerdings gem. § 49 II HGB erweiterbar.	Umfang der Handlungsvollmacht kann gem. § 54 III HGB abweichend von der gesetzlichen Vermutung ggü. Dritten wirksam gestaltet werden. Allerdings wird ein Kennenmüssen des Dritten vorausgesetzt.
Rechtsnatur	Vollmacht mit gesetzlich **festgelegten** Umfang der Vertretungsmacht	Vollmacht mit gesetzlich **typisierten** Umfang der Vertretungsmacht

IV. Die Vertretungsmacht des Ladenangestellten (§ 56 HGB)

Nach § 56 HGB gilt derjenige, der in einem Laden oder in einem offenen Warenlager angestellt ist, als ermächtigt zu Verkäufen und Empfangnahmen, die in einem derartigen Laden oder Warenlager gewöhnlich geschehen.

Es handelt sich um einen gesetzlich geregelten Fall der **Anscheinsvollmacht**, nicht um eine rechtsgeschäftliche Vollmacht (**Canaris**, § 14 Rn 5; Jung, Kap. 7 Rn 28). Aus dem Rechtsgedanken der § 173 BGB und § 54 III HGB folgt, dass der Schutz des § 56 HGB nur gegenüber **gutgläubigen Geschäftsgegnern** greift.

Als Fall der Rechtsscheinvollmacht greift § 56 HGB nicht ein, wenn tatsächlich eine Vollmacht vorliegt (Jung, Kap. 7 Rn 28).

Während also § 54 HGB eine Vermutung über den Umfang einer tatsächlich erteilten Vollmacht enthält, begründet § 56 HGB die wohl widerlegliche (Canaris, § 14 Rn 6; Baumbach/Hopt, § 56 Rn 4; a.A. BGH, NJW 1975, 2191; Jung, Kap. 7 Rn 28) Vermutung, dass eine Vollmacht bestimmten Inhalts überhaupt erteilt wurde.

Klausurhinweis:

In Klausuren ist daher zunächst prüfen, ob eine Vollmacht wirklich erteilt wurde. Nur wenn dies nicht der Fall ist, kann man auf § 56 HGB zurückgreifen.
Sofern es im Bereich einer eventuell tatsächlich erteilten Vollmacht größere (Beweis-) Probleme gibt, kann es im 2. Examen angezeigt sein, dies dahinstehen zu lassen und auf § 56 HGB abzustellen.

Die Vertretungsmacht des Ladenangestellten kann im Innenverhältnis frei beschränkt werden. Für ihre Wirksamkeit nach außen ist § 54 III HGB entsprechend anzuwenden.

Voraussetzungen des § 56 HGB

1. Der Vertrag muss im Laden abgeschlossen oder zumindest angebahnt worden sein.
2. Das Geschäft muss üblicherweise im Laden anfallen.
3. Es muss sich um eine im Laden angestellte Person handeln.
4. Der Schutz des § 56 HGB besteht analog §§ 173 BGB, 54 III HGB nur gegenüber Gutgläubigen. Schon leichte Fahrlässigkeit schadet.
5. Es muss ein „Verkauf" oder „Empfangnahme" vorliegen.

Definition: Unter einem „**Laden**" versteht man jedes dem Publikum zugängliche, wenn auch nur vorübergehend benutzte Verkaufslokal, wobei es nicht darauf ankommt, ob es dazu besonders gut ausgestattet ist. (Bsp. ein Warenhaus, Einzelhandelsgeschäft, Selbstbedienungsläden, nicht dagegen Büro- oder Fabrikräume, soweit dort nicht auch Verkaufsgeschäfte vorgenommen werden.)

„Angestellt" im Sinne des § 56 HGB ist jede Person, die mit Wissen und Wollen des Inhabers an der Verkaufstätigkeit mitwirkt. Dabei ist es nicht entscheidend, welcher Aufgaben- oder Pflichtenkreis sonst im Unternehmen wahrgenommen wird.

„Verkäufe" gem. § 56 HGB sind Kaufverträge und die auf die Erfüllung des schuldrechtlichen Kaufvertrags gerichteten dinglichen Verträge. Ebenfalls erfasst sind alle Nebenabreden (z.B. Ratenzahlungsvereinbarungen) sowie Verträge, die mit dem Umsatzgeschäft in engem wirtschaftlichen Zusammenhang stehen (z.B. Inzahlungnahme eines Gebrauchtwagens beim Kauf eines Neuwagens). Schließlich hat der Ladenangestellte gem. § 56 HGB natürlich auch die Befugnis, den vom Käufer gezahlten Kaufpreis entgegen zu nehmen („Inkassobefugnis").
Nicht erfasst ist der Ankauf von Waren.

Kaufmännisches Bestätigungsschreiben

I. Grundlagen

Nach § 346 HGB sind Handelsbräuche grds. nur unter Kaufleuten zu berücksichtigen. Der Handelsbrauch ist eine unter Kaufleuten verpflichtende Regel, die auf einer gleichmäßigen, einheitlichen Übung besteht. Die Übung muss allgemein beachtet werden und freiwillig zumindest innerhalb einer bestimmten Branche verbreitet sein. Sie muss während eines angemessenen Zeitraums bestehen und einer einheitlichen Verkehrsauffassung der beteiligten Kreise entsprechen.

Aus dem Handelsbrauch haben sich die Grundsätze über das kaufmännische Bestätigungsschreiben entwickelt.
Danach kommt ein Vertrag **nach dem Inhalt des Bestätigungsschreibens** zustande, wenn folgende Voraussetzungen gegeben sind (**An alle Referendare:** Alles gut kommentiert bei Palandt/Ellenberger, § 147 Rn 8 ff.):

1. Teilnahme am Wirtschaftsleben zumindest „wie" Kaufleute
2. Echtes Bestätigungsschreiben
3. Zeitlicher Zusammenhang zwischen Vertragsverhandlungen und Zugang des KBS
4. Redlichkeit des Absenders
5. Kein rechtzeitiger Widerspruch

1. Teilnahme am Wirtschaftsleben zumindest „wie" Kaufleute

Beide Beteiligte müssen Kaufleute sein oder in größeren Umfang am Wirtschaftsleben teilnehmen, so dass ihre Kenntnis der der Lehre vom Bestätigungsschreiben zugrunde liegenden Handelsbräuche unterstellt werden kann (BGH, NJW 1987, 1940). Damit können z.B. auch Ausübende der freien Berufe erfasst werden. Zunehmend wird es als ausreichend angesehen, wenn der Empfänger „Unternehmer" i.S.d. § 14 BGB ist.

2. Echtes Bestätigungsschreiben

Es muss ein echtes Bestätigungsschreiben sein. Von einem Bestätigungsschreiben ist dann auszugehen, wenn die Parteien davon ausgegangen waren, dass in ihrer bisherigen Vereinbarung bereits alles umfassend und abschließend geregelt sei. Das Schreiben muss den früheren Vertragsschluss unter Wiedergabe des Vertragsinhalts endgültig und eindeutig bestätigen (Auslegung).

Eine Auftragsbestätigung, durch die der Absender das Angebot eines anderen erst annimmt und damit den Vertrag zustande bringt, ist kein Bestätigungsschreiben, selbst wenn es so bezeichnet wird. Weicht die Annahme vom Angebot ab, kommt gem. § 150 II BGB der Vertrag gerade nicht zustande! Ob ein KBS oder eine Annahme vorliegt ist durch Auslegung zu ermitteln; gerade der vom Rechtslaien verwendete Begriff „**Auftragsbestätigung**" ist z.B. ein völlig unklarer Begriff, der „alles heißen kann".

3. Zeitlicher Zusammenhang zwischen Vertragsverhandlungen und Zugang des KBS
Das Bestätigungsschreiben muss unmittelbar nach den Vertragsverhandlungen abgeschickt werden, so dass der Empfänger auf das Eintreffen vorbereitet ist. Die zu § 130 BGB entwickelten Regeln zum Zugang gelten entsprechend.

Rechtsprechungsauswertung und Examenstipp (Klassiker):

Wirkungen des KBS, wenn dieses an einen vollmachtlosen Vertreter gesendet wird:

BGH, VII ZR 186/09

- M.M.: Der Zugang an den vollmachtlosen Vertreter, mit dem kontrahiert wurde, genügt nicht, weil der Absender dann mit Aufdeckung des Mangels nicht rechnen kann. Folglich sind die Grundsätze des Schweigens auf ein KBS nicht anwendbar, d.h. es liegt kein wirksamer Vertragsschluss vor.

- H.L.: Es ist auf die allgemeinen Grundsätze des Zugangs von Willenserklärungen unter Abwesenden gem. § 130 I 1 BGB abzustellen, d.h. der Zugang ist erfolgt, wenn das Schreiben in verkehrsüblicher Weise in die tatsächliche Verfügungsgewalt des Adressaten oder einer empfangsberechtigten Person (Bote oder Stellvertreter) gelangt und die Möglichkeit der Kenntnisnahme besteht.

- BGH: Der Vertretene, der auf Einladung zu einem Termin zur Verhandlung über einen bereits geschlossenen Vertrag einen Vertreter ohne Vertretungsmacht entsendet, muss sich dessen Erklärungen nach den zum kaufmännischen Bestätigungsschreiben entwickelten Grundsätzen zurechnen lassen, wenn er den im über die Verhandlung erstellten Protokoll enthaltenen und unterschriebenen Erklärungen des Vertreters nicht unverzüglich nach Zugang des Protokolls widerspricht.

4. Redlichkeit des Absenders
Geschützt wird nur der redliche Geschäftsverkehr. Der Absender muss schutzwürdig sein, d.h. unter Berücksichtigung von Treu und Glauben das Schweigen des Empfängers als Einverständnis auffassen dürfen. Es werden nur solche Änderungen durch das Bestätigungsschreiben zum Vertragsinhalt, bei denen der Absender redlicherweise noch mit der Zustimmung des Empfängers rechnen darf (bestätigt der Verkäufer Parkettfliesen statt der vereinbarten Deckenplatten, kann hierdurch der Inhalt der ursprünglichen Vereinbarung nicht geändert werden, da eine ganz andere Leistung vorliegt. Bestätigt der Absender jedoch z.B. eine Menge von 180 statt 160 Kisten, so ist dies noch als billigungsfähig anzusehen).

Es besteht keine Pflicht zum Widerspruch gegen ein kaufmännisches Bestätigungsschreiben bei erheblichen Abweichungen. Allerdings trägt der Empfänger des Bestätigungsschreibens die Darlegungs- und Beweislast für eine erhebliche Abweichung, BGH, NJW-RR 2001, 680.

5. Kein rechtzeitiger Widerspruch
Der Empfänger darf nicht rechtzeitig (unverzüglich, § 121 I 1 BGB analog) widersprochen haben.
Die Frist liegt i.d.R. bei 2 Tagen (bei komplexen Geschäften u.U. bei 3 Tagen).

Die Wirkungen des KBS treten nicht ein, wenn es kein Klarstellungsbedürfnis gibt.

Beispiel: Die Kaufleute A und B haben einen Vertrag geschlossen und das Verhandlungsergebnis vollständig schriftlich fixiert. A schickt ein KBS, welches in einem Punkt von dem schriftlichen Vertragstext abweicht. B widerspricht nicht.
Die Wirkungen des KBS greifen nicht ein.
Besteht nämlich weder bezüglich des Vertragsinhalts, noch hinsichtlich des Zustandekommens des Vertrages (z.B. Vertretungsbefugnisse) vernünftigerweise Anlass zu Zweifeln, so fehlt es am notwendigen Klarstellungsbedürfnis, auf welchem die Grundsätze des KBS basieren.

Beachte: Beachten Sie, dass es vertragsmodifizierende KBS aber auch vertragsbegründende KBS geben kann!

DAS KAUFMÄNNISCHE BESTÄTIGUNGSSCHREIBEN

deklaratorisch	konstitutiv	
Bloß schriftliche Bestätigung des mdl. Vertrages ohne Abweichungen	vertrags**modifizierendes** KBS: Bestätigung eines geschlossenen Vertrags mit Abweichungen oder Ergänzungen	vertrags**begründendes** KBS: „eigentlich" kein Vertrag z.B. wegen fehlender Vertretungsmacht oder verstecktem Dissens, aber Bestätigender geht subjektiv redlich von Vertragsschluss aus

II. Besondere Klausurprobleme zum KBS

Die folgenden drei Konstellationen sind absolute „Klassiker" im Bereich des KBS, die immer mal wieder geprüft werden.

Examenstipp (Klassiker):

1. Anfechtung des KBS

Das „Schweigen" auf ein KBS kann gem. §§ 119 ff., 142 ff. BGB analog angefochten werden. Der KBS-Empfänger soll nicht stärker gebunden sein als bei einer ausdrücklichen Erklärung.
Damit die Regeln des KBS nicht umgangen werden, darf der Empfänger jedoch nicht anfechten, wenn er entweder durch Unachtsamkeit nicht erkannt hat, dass die mündlichen Abreden und das KBS voneinander abweichen, oder wenn er über die Bedeutung seines „Schweigens" irrt.

Beispiel: Kaufmann K erhält von seinem Vertragspartner ein KBS. Da K erst seit kurzer Zeit gewerblich tätig ist, reagiert er auf das KBS nicht, welches Abweichungen vom vereinbarten Vertragsinhalt enthält. Als er völlig überrascht erfährt, welche Wirkung sein „Schweigen" hat, will er wegen Erklärungsirrtums, § 119 I BGB, anfechten. Dies ist ihm verwehrt.

Hingegen besteht das Anfechtungsrecht, wenn er den Inhalt des KBS falsch verstanden hat. Dieses Recht hat er nämlich auch sonst, wenn er eine schriftliche Offerte missversteht und daher darf er im Fall des KBS nicht schlechter gestellt sein. Ob das auch dann gilt, wenn der Irrtum bloß auf einem flüchtigen Lesen des KBS beruht, ist streitig, wird von einer vordringenden Meinung aber abgelehnt.

2. Nachträgliche Einbeziehung von AGB

Nach h.M. ist auch die nachträgliche Einbeziehung von AGB grundsätzlich zulässig. Notwendig ist hierfür eine ausdrückliche Bezugnahme im KBS. Allein deren Beifügung oder deren Abdruck auf der Rückseite des KBS genügt nicht, weil der Handelsverkehr auf klare und eindeutige Erklärungen angewiesen ist.
Nicht erforderlich ist hingegen, dass die AGB dem KBS beigelegt werden oder dem KBS-Empfänger bekannt sind.
Jedoch scheitert eine nachträgliche Einbeziehung, wenn bei den Vertragsverhandlungen keine der Parteien die Einbeziehung ihrer AGB durchsetzen konnte. Gleiches gilt, wenn sich die Gegenseite gegen die Geltung der fremden AGB verwahrt hat, was auch durch eine „Abwehrklausel“ in den eigenen AGB geschehen kann.
Schließlich können auch AGB, die nicht branchenüblich sind, durch das KBS kein Vertragsbestandteil werden.

3. Sich kreuzende KBS

Bestätigen beide Vertragsparteien sich wechselseitig den Vertragsschluss mit anderem Inhalt, so fehlt es regelmäßig an der Schutzwürdigkeit der Parteien. Widersprechen sich die Schreiben inhaltlich (und ist dies für den jeweiligen Absender erkennbar), so finden die KBS-Grundsätze keine Anwendung; ein Widerspruch ist nicht erforderlich.

Sofern sich die kreuzenden KBS nur bzgl. der unterschiedlichen AGB widersprechen, gelten die allgemeinen Regeln für sich widersprechende AGB.
Früher vertrat die h.M. die „Theorie des letzten Wortes“ und hat mithin die Geltung der zuletzt eingeführten AGB angenommen. Nach heute h.M. gelten nur diejenigen Klauseln, die miteinander vereinbar sind (sog. „Konsenstheorie“). Im Übrigen ist dann auf das dispositive Gesetzesrecht zurückzugreifen, vgl. § 306 II BGB.

III. Schweigen auf einen Antrag (§ 362 HGB)

Das Schweigen auf ein Angebot, das grds. als Ablehnung gilt, wird unter den Voraussetzungen des § 362 HGB ausnahmsweise als Annahme fingiert.

Voraussetzungen des § 362 I 1 HGB:

1. Der Antragsempfänger muss Kaufmann sein.
2. Sein Betrieb muss die **Besorgung von Geschäften für andere** mit sich bringen. (Vgl. zum Begriff der Geschäftsbesorgung: Palandt/Sprau, § 675, Rn 2, 9 ff. [vor allem Fracht-, Lager-, Speditions- und Maklergeschäfte]) **Nicht erfasst sind Kaufgeschäfte** und Lieferungsverträge, da der Kaufmann solche Geschäfte naturgemäß nicht unbegrenzt abschließen kann.
3. Er muss mit dem Antragenden in fortgesetzter Geschäftsbeziehung stehen.
4. Das angetragene Geschäft muss zum üblichen Geschäftskreis des Empfängers gehören.
5. Der Kaufmann muss auf das Angebot geschwiegen haben.

Voraussetzungen des § 362 I 2 HGB:

1. Der Antragsempfänger muss Kaufmann sein.
2. Sein Betrieb muss die **Besorgung von Geschäften für andere** mit sich bringen. (Vgl. zum Begriff der Geschäftsbesorgung: Palandt/Sprau, § 675, Rn 2, 9 ff. [vor allem Fracht-, Lager-, Speditions- und Maklergeschäfte]) **Nicht erfasst sind Kaufgeschäfte** und Lieferungsverträge, da der Kaufmann solche Geschäfte naturgemäß nicht unbegrenzt abschließen kann.
3. Der Kaufmann muss eine **invitatio ad offerendum** an eine bestimmte Person ausgesprochen haben.
4. Der Empfänger der invitatio muss ein Angebot gemacht haben, welches sich in deren Rahmen hält.
5. Der Kaufmann muss auf das Angebot geschwiegen haben.

Klausurhinweis:

Verwechseln Sie nicht § 151 BGB und § 362 HGB. § 151 BGB regelt nur einen Verzicht auf den Zugang der Annahmeerklärung, was aber impliziert, dass es eine (u.U. nur konkludente) Annahmeerklärung gibt. Im Unterschied hierzu wird von § 362 HGB bereits die Annahmeerklärung selbst fingiert.

Das Handelsgeschäft, § 343 f. HGB

Ein Handelsgeschäft ist ein Geschäft eines Kaufmanns, das zum Betrieb seines Handelsgewerbes gehört, § 343 I HGB. Die von einem Kaufmanne vorgenommenen Rechtsgeschäfte gelten im Zweifel als zum Betriebe seines Handelsgewerbes gehörig, § 344 I HGB.

Hinsichtlich der Begriffsbildung ist das Folgende zu beachten:

> Unter „Handelsgeschäft" wird einmal das Unternehmen (Unternehmung) eines Kaufmanns verstanden, so z.B. in § 25 HGB. „Handelsgeschäft" wird aber auch das einzelne Rechtsgeschäft genannt, das ein Kaufmann im Rahmen seines Handelsgewerbes tätigt, so z.B. in §§ 343 ff. HGB.

I. Geschäft = Jedes rechtserhebliche willentliche Verhalten

- Mehrseitige Rechtsgeschäfte (z.B. Kaufvertrag, Übereignung)
- Einseitige Rechtsgeschäfte (z.B. Rücktritt, Kündigung)
- Rechtsgeschäftsähnliche Handlungen (z.B. Mahnung)
- Gewollte Realakte, str. (z.B. Verbindung, Vermischung, Wettbewerbshandlung, deliktische Schädigung)

II. Kaufmannseigenschaft nach §§ 1-6 HGB

Bedeutung auch für *Nicht*kaufleute:

- bei lediglich einseitigen Handelsgeschäften (vgl. § 345 HGB)
- kraft ausdrücklicher Anordnung (§§ 383 II 2, 407 III 2, 453 III 2, 467 III 2 HGB)
- gegenüber Scheinkaufmann
- bei analoger Anwendung (z.B. Angehörige der freien Berufe)

III. Betriebsbezogenheit

Mindestens mittelbarer oder entfernter Funktionszusammenhang, z.B. auch

- Hilfsgeschäfte (Kreditaufnahme, Materialeinkauf) - Vorbereitende Geschäfte (Anmietung von Geschäftsräumen)
- Abwicklungsgeschäfte (Unternehmensverkauf)

Nicht: Privatgeschäfte des Kaufmanns

IV. Arten des Handelsgeschäfts

Einseitiges = nur ein Beteiligter ist Kaufmann
Beiderseitiges = beide Beteiligte sind Kaufleute

- Grundsätzlich gelten §§ 346 ff. HGB auch für das nur **einseitige Handelsgeschäft**, vgl. § 345 HGB
  z.B.: §§ 352 II, 355-357, 358-361, 363-365, 366, 367 HGB

- Nur auf **beiderseitige Handelsgeschäfte** sind anwendbar
  z.B.: §§ 346, 353, 369, 377, 379, 391 HGB

- Nur für kaufmännische Vertragspartei anwendbar sind
  z.B. §§ 347-352 I, 353, 354, 368 HGB

Rügeobliegenheit beim Handelskauf, § 377 HGB

I. Vorbemerkung

Der Wortlaut des § 377 HGB ist in zweierlei Hinsicht ungenau:

- § 377 HGB statuiert keine Pflicht, deren Nichterfüllung etwa zu Schadensersatzansprüchen führen würde, sondern eine **Obliegenheit**, deren Nichterfüllung lediglich zum Verlust eigener Rechte führen kann.
- Untersuchungs- und Rügeobliegenheit stehen nicht gleichbedeutend nebeneinander. Der Erhalt der Rechte aus dem Kaufrecht wird nur durch rechtzeitige Rüge bewirkt. Die Untersuchung selbst ist keine eigenständige Obliegenheit.

II. Sinn und Zweck des § 377 HGB

Die Verkürzung der für den Handelskauf noch zu langen Gewährleistungsfristen soll zu einer schnellen und raschen Abwicklung von Geschäften des Handelsverkehrs führen. Der Verkäufer wird in die Lage versetzt, zu planen und zeitnah eventuelle rechtzeitige Maßnahmen zur Schadensabwendung zu treffen. Der Verkäufer erlangt so Rechtsicherheit und ihm gelingt u.U. die Vermeidung von Prozessen mit Beweisschwierigkeiten.

III. Voraussetzungen der Rügeobliegenheit

1. Beiderseitiger Handelskauf
2. Ablieferung
3. Nicht ordnungsgemäße Lieferung
4. Redlichkeit des Verkäufers

1. Beiderseitiger Handelskauf

Aus der Formulierung „für beide Teile" folgt, dass ein beiderseitiger Handelskauf vorliegen muss. Eine Analogie für nichtkaufmännische „Unternehmer" wird von der h.M. abgelehnt (Großkomm/Brüggemann, § 377 Rn 22).

2. Ablieferung

Sache gelangt in Erfüllung des Vertrages so in den Machtbereich des Käufers, dass dieser die tatsächliche Möglichkeit zu ihrer Untersuchung hat. Der Begriff der Ablieferung ist nicht mit dem der Übergabe gleichzusetzen.

Auch eine eventuelle Nachlieferung ist als selbstständige Lieferung anzusehen. Deshalb greift auch für die Nachlieferung eine separate Rügeobliegenheit ein (OLG Düsseldorf, ZGS 2005, 117).

3. Nicht ordnungsgemäße Lieferung

§ 377 HGB legt keinen eigenständigen Mangelbegriff fest. Es gelten die Regeln des BGB zum Sach- oder Rechtsmangel, §§ 434, 435 BGB.

4. Redlichkeit des Verkäufers

Keine Anwendung findet § 377 HGB bei Unredlichkeit des Verkäufers, wenn dieser also gem. § 377 V HGB den Mangel arglistig verschwiegen hat. Gleichzustellen ist der Fall des arglistigen Vortäuschens nicht gegebener Beschaffenheitsmerkmale.

IV. Inhalt der Rügelast

1. Zeitpunkt der Rüge

§ 377 HGB unterscheidet zwischen einem „offenen" Mangel und einem „versteckten" Mangel.
Ein **offener Mangel** liegt vor, wenn die Mängel bei ordnungsgemäßer Untersuchung entdeckt werden können, z.B. eingetrocknete Filzstifte.
Für die Untersuchungsobliegenheit nach § 377 I HGB ist darauf abzustellen, welche in den Rahmen eines ordnungsgemäßen Geschäftsgangs fallenden Maßnahmen einem ordentlichen Kaufmann im konkreten Einzelfall unter Berücksichtigung auch der schutzwürdigen Interessen des Verkäufers zur Erhaltung seiner Gewährleistungsrechte zugemutet werden können. Die von § 377 I HGB geforderte Untersuchung muss dabei nicht von derartigem Umfang und solcher Intensität sein, dass sie nach Art einer „Rundum-Untersuchung" alle irgendwie in Betracht kommenden Mängel der Ware erfasst (so müssen Futtermittel nicht durch einen Sachverständigen auf Dioxinbelastung untersucht werden, BGH, VIII ZR 246/16, **RA 2018, 83, 84**).

Die Frist für die Rüge offener Abweichungen ist – bei genauer Betrachtung des Wortlautes von § 377 I HGB – dreiteilig:

- Frist zwischen Ablieferung und Beginn der Untersuchung
- Dauer der Untersuchung
- Frist zwischen Ende der Untersuchung und Rüge

Es geht um eine **Gesamtbetrachtung**; Verzögerungen im einen Bereich können durch übersorgfältige Schnelligkeit an anderer Stelle ausgeglichen werden.

Ein **versteckter** (oder auch „verdeckter") **Mangel** kann auch bei ordnungsgemäßer Untersuchung nicht entdeckt werden. Er könnte nur durch z.B. Zerlegen einer Maschine oder ähnliches sichtbar werden.
Bei der Berechnung der bei einem verdeckten Mangel zu wahrenden Rügefrist fallen die Punkte „Ablieferung" und „Untersuchung" weg: Maßgeblich ist allein der Zeitraum zwischen Erkennen und Absenden der Rüge.

MANGEL		
ohne Untersuchung erkennbar	durch angemessene Untersuchung erkennbar	durch angemessene Untersuchung **nicht** erkennbar
§ 377 I HGB ▸ Rüge unverzüglich nach Ablieferung	**§ 377 I HGB** ▸ Rüge unverzüglich nach unverzüglicher Untersuchung	**§ 377 III HGB** ▸ Rüge unverzüglich nach der Entdeckung

Problem: § 377 IV HGB regelt nur das Verzögerungsrisiko (vgl. BGHZ 101,49)

Die Mängelanzeige ist eine **empfangsbedürftige Erklärung**. Nur so ist sichergestellt, dass der Verkäufer die Möglichkeit hat, seine Falsch- oder Schlechtlieferung zu korrigieren und weiteren Schaden abzuwenden.

Vor diesem Hintergrund ist § 377 IV HGB so zu lesen, dass der Empfänger (Verkäufer) das Verzögerungsrisiko trägt, der Absender (Käufer) hingegen das Verlustrisiko.

Die Beweislast liegt beim Absender, weil der Empfänger die prozessuale Negativtatsache (einen Brief nicht erhalten zu haben) nicht beweisen kann. Demgegenüber hat der Absender durch Einschreiben oder Boten recht einfache Möglichkeiten, den Zugang beim Empfänger zu beweisen.

2. Inhalt der Mängelanzeige

Der Mangel muss nicht in allen Einzelheiten, aber doch so genau bezeichnet sein, dass der Verkäufer ihn ermessen und danach seine Dispositionen treffen kann. Die Angabe des Grundes für den Mangel ist ebenso wenig erforderlich wie die Angabe der Rechte, deren Geltendmachung der Käufer beabsichtigt.

3. Sonderproblem: Durchlieferung beim Streckengeschäft

Problem: § 377 HGB beim Streckengeschäft (vgl. BGHZ 110,139)

Ein besonderes Problem ergibt sich bei Streckengeschäften oder bei anderen Formen der Vertragsabwicklung, bei der ein Zwischenhändler nicht die Möglichkeit hat, das gelieferte Produkt zu untersuchen. Hier stellt sich die Frage, wann er seiner Rügeobliegenheit nachzukommen hat.

Die Grundkonstellation ist wie folgt:

Hersteller (Kaufmann)

↕ Kaufvertrag mit Rügepflicht, § 377 HGB ↕

Hersteller (Kaufmann)

↕ Kaufvertrag u.U. ohne (!) Rügepflicht ↕

Endkunde (u.U. Verbraucher)

Problemvariante 1: Zwischenhändler vereinbart mit Hersteller direkte Lieferung an Endkunden.

Problemvariante 2: Zwischenhändler hat rein tatsächlich nicht die Möglichkeit, z.B. eine bestimmte Maschine in Gebrauch zu nehmen und zu testen.

Der Erstkäufer wird nicht bei seinem Abnehmer auftauchen und die Ware untersuchen wollen, wobei er dies natürlich könnte.

In seinem Interesse ist vielmehr, wenn der Zweitkäufer untersucht und ihm ggf. erkannte Mängel mitteilt, so dass der Erstkäufer durch Weiterleitung der Rüge an den Verkäufer seine Rechte wahren kann. Vor diesem Hintergrund stellt sich das Meinungsspektrum wie folgt dar:

- <u>h.M.:</u> Die h.M. geht von einer „normalen" Untersuchungs- und Rügefrist aus, allerdings mit etwas verlängerter Frist. Folglich muss der Käufer ausreichend dafür Sorge tragen, dass der Kunde ihn alsbald über einen Mangel informiert (BGHZ 110, 130; OLG Köln, 11 U 183/14). Sofern dieser nicht Kaufmann ist, stellt die vertragliche Auferlegung kaufmännischer Rügeobliegenheiten einen AGB-Verstoß dar (Muhl, GWR 2015, 341). Bei einer vermeidbaren Verzögerung der Mängelanzeige muss der Käufer sich den aus § 377 II HGB ergebenden Rechtsnachteil vom Verkäufer entgegenhalten lassen. Hieran ändert sich auch dann nichts, wenn der Endkunde kein Kaufmann ist. So sieht § 445a IV BGB für den Rückgriffanspruch des Unternehmers sogar ausdrücklich vor, dass § 377 HGB unberührt bleibt.

- <u>a.A.:</u> Nach a.A. ist eine Differenzierung nötig.
  - Ist der Dritte, der belieferte Kunde, Kaufmann, so sei die Rechtslage wie von der h.M. beschrieben.
  - Ist der Dritter hingegen nicht Kaufmann, so habe der Zwischenhändler lediglich die Obliegenheit, den Mangel unverzüglich nach Kenntniserlangung zu rügen.

  <u>Begr.:</u> Bei Anwendung der h.M. hätte der Dritte gegen den Käufer Ansprüche wegen der Mangelhaftigkeit der Sache, dieser jedoch mangels Rüge nicht gegen den Verkäufer (unbilliges Ergebnis)

- <u>Rspr.:</u> Vor allem auch die Rspr. folgt der h.M.:

  Der Endkunde (Zweitabnehmer) **sei „Untersuchungsgehilfe" des Zwischenhändlers** (Erstkäufers). **Abgeliefert werde durch Lieferung an den Endkunden** (OLG Köln, NJW-RR 1995, 28, 29; RGZ 96, 13, 14). **Es komme hier nicht darauf an, ob der Zwischenhändler die tatsächliche und rechtliche Möglichkeit habe, seinen Abnehmer zu einer unverzüglichen Untersuchung zu bewegen. Entscheidend sei allein, dass der Zwischenhändler vom Hersteller (Verkäufer) eine Durchlieferung verlangt habe: Dann müsse er auch die Konsequenzen tragen, die daraus erwachsen.** Nicht erforderlich ist, dass das Streckengeschäft beim ursprünglichen Vertragsschluss vereinbart wurde (a.A. Staub/Brüggemann, § 377 HGB, Rn. 38). Es reicht vielmehr aus, dass sich der Verkäufer auf Verlangen des Erstkäufers später darauf einlässt. In einer solchen Einigung wird man ohnehin oftmals eine konkludente Änderung des Vertrages sehen können, da insbesondere die Frage der veränderten Transportkosten einer verbindlichen Regelung bedarf.

  Wenn der Zwischenhändler nicht sicher sein kann, dass seine Abnehmer die Ware unverzüglich untersuchen, er sich seine Rechte im Verhältnis zum Hersteller gleichwohl erhalten will, dann muss er die Ware vor der Versendung selbst untersuchen (OLG Köln, NJW-RR 1995, 28).

<u>Examenstipp:</u>

(P): Streckengeschäft: Mängelrüge entlang der Kaufvertragsverhältnisse

Beim Streckengeschäft hat die handelsrechtliche Mängelrüge grundsätzlich entlang der Kaufvertragsverhältnisse zu erfolgen (BGHZ 110, 130; OLG Karlsruhe, 12 U 31/16, **RA 2016, 529**; Abgrenzung zu OLG Frankfurt a.M., 15 U 147/11).

Fragt der Endkunde aufgrund eines Mangelverdachts beim Hersteller nach und gibt ihm der Hersteller eine falsche Auskunft, entlastet das den Endkunden mit Blick auf die Mängelrüge nach § 377 HGB gegenüber seinem Verkäufer – dem Zwischenhändler – nicht. Die Auskunft des Herstellers ist dem Zwischenhändler grundsätzlich nicht zuzurechnen (OLG Karlsruhe, 12 U 31/16, **RA 2016, 529**).

Jedoch kann im Einzelfall für die rechtzeitige Rüge im Verhältnis des Zwischenhändlers zum Hersteller gegebenenfalls auch eine Direktrüge des Endkunden genügen (vgl. BGH, VIII ZR 91/13).

V. Rechtsfolgen bei nicht ordnungsgemäßer Rüge

1. Käuferrechte

Gem. § 377 II HGB gilt die gelieferte Ware als genehmigt. Hieraus folgt der Ausschluss der Ansprüche wegen Mangelhaftigkeit der Kaufsache („Gewährleistungsansprüche“) und auch der Ansprüche aus §§ 119 II und 320 BGB.

Ebenfalls anwendbar ist § 377 HGB (wohl analog) auf Ansprüche aus § 280 I BGB, sofern sich der Anspruch als ein Gewährleistungsanspruch im weiteren Sinne darstellt (früher auch h.M. zur pVV). Das ist der Fall, wenn eine Nebenpflichtverletzung einen Sachmangel hervorruft oder der Mangelfolgeschaden auf die Mangelhaftigkeit der Kaufsache zurückzuführen ist. Folge ist der Ausschluss dieses Anspruchs.

Problem: **Schließt eine Verletzung der Rügeobliegenheit des § 377 HGB auch deliktische Ansprüche, §§ 823 ff. BGB, aus?**

Der Zweck, den kaufmännischen Rechtsverkehr zu beschleunigen, spricht eigentlich dafür. Nur der Ausschluss aller Ansprüche verschafft dem Kaufmann die intendierte Planungssicherheit, dass keine Ansprüche aus dem Rechtsgeschäft mehr geltend gemacht werden.

Dennoch findet § 377 auf Ansprüche aus §§ 823 ff. BGB, keine Anwendung (ganz h.M., BGHZ 101, 337, 343 ff.). Dies wird damit begründet, dass die deliktische Haftung nichts mit vertraglichen Ansprüchen zu tun habe und der geschädigte Vertragspartner sonst schlechter gestellt wäre als wenn er von einem X-Beliebigen geschädigt worden wäre. Diesem gegenüber müsste er auch keine Rügefristen beachten.

2. Verkäuferrechte

Der Verkäufer behält unverändert seine Rechte, insb. den Anspruch auf Kaufpreiszahlung.

a) Schlecht- oder Zuweniglieferung

Im Fall einer Schlechtlieferung muss der Käufer die Ware behalten und den vereinbarten Kaufpreis zahlen. Gleiches gilt bei einer Zuweniglieferung, da diese gem. § 434 III Fall 2 BGB ebenfalls einen Mangel darstellt (BGHZ 91, 293, 300 ff.).

b) Lieferung einer wertvolleren Sache oder Mehrlieferung

Ist die Falschlieferung wertvoller als die bestellte Ware, kann der Verkäufer das Geleistete nach § 812 I 1 BGB kondizieren, einen Anspruch auf einen entsprechend höheren Preis hat er aber nicht (Canaris, § 29 Rn 73; Jung, Kap. 10 Rn 10).
U.U. ist zu prüfen, ob ein Angebot des Verkäufers auf Vertragsänderung vorliegt, welches der Käufer konkludent durch Aneignung oder Ingebrauchnahme der Ware akzeptiert, wobei auf den Zugang der Annahmeerklärung gem. § 151 S. 1 BGB verzichtet werden kann (Canaris, § 29 Rn 74; Jung, Kap. 10 Rn 10).

Weitere Besonderheiten beim Handelskauf

I. Guter Glaube an die Verfügungsbefugnis, § 366 HGB

Häufiger Anwendungsfall sind Kaufleute, die u.a. **Kommissionsgeschäfte** ausführen.

Beispiel: Fahrradhändler F verkauft neue und gebrauchte Räder und bietet Werkstattleistungen an. Kunde K will ein gebrauchtes Rad kaufen. Der Eigentümer hatte es nur zur Reparatur abgegeben. Der kaufmännische Fahrradhändler F kann der Versuchung nicht widerstehen, und verkauft das Rad.

Wenn dem Kunden klar ist, dass F gebrauchte Räder als Kommissionär verkauft, dann ist erst bzgl. des Eigentums des F wohl nicht gem. § 932 BGB gutgläubig. Jedoch kommt gem. § 366 HGB ein guter Glaube in die Verfügungsbefugnis in Betracht.

§ 366 HGB gilt nicht beim Erwerb vom **Scheinkaufmann**, weil in diesem Fall der Schaden gar nicht beim Scheinkaufmann selbst, sondern bei einem Dritten, dem wahren Eigentümer, eintreten würde.

Problem: Analoge Anwendbarkeit des § 366 HGB auf den guten Glauben an die Vertretungsmacht?

Beispiel: Kaufmann verfügt im **fremden** Namen ohne Vertretungsmacht über die Sache des Eigentümers an einen Dritten als Nichtberechtigter. Dann stellt sich die Frage, ob der Eigentümer die Sache nach § 985 vom gutgläubigen Dritten herausverlangen kann.

§ 366 HGB geht von der fehlenden Verfügungsbefugnis aus und ersetzt sie durch den guten Glauben des Erwerbers an die Verfügungsbefugnis. Der Wortlaut der Vorschrift erfasst also nicht den Fall, dass jemand im fremden Namen handelt, ohne Vertretungsmacht zu haben, der Erwerber ihn aber gutgläubig zur Vertretung befugt hält.

Eine Ansicht bejaht eine analoge Anwendung (Baumbach/Hopt, § 366 Rn 5; K. Schmidt, JuS 1987, 936, 939)

- Zwar bedeutet „Verfügungsbefugnis“ in der Terminologie des BGB, dass der Verkäufer in eigenem Namen verfügt. Demnach ist streng zwischen der Ermächtigung, die eine Verfügungsbefugnis verleiht (§ 185 I BGB), und der Vollmacht, die Vertretungsmacht verleiht (§§ 164 I, 167 I BGB) zu unterscheiden. Da das HGB aber älter als das BGB sei, dürfe diese Terminologie nicht auf das HGB übertragen werden, da es noch nicht exakt zwischen Verfügungsbefugnis und Vertretungsmacht unterscheide. Dies zeige sich z.B. bei §§ 49 I, 54 I, 56, 125 I HGB. Dort werde von „ermächtigt“ gesprochen, gemeint sei aber die Bevollmächtigung.
- § 366 HGB will im Interesse der Sicherheit des Handelsverkehrs einen verstärkten Schutz des gutgläubigen Erwerbers gewährleisten. Für den Erwerber sei es aber häufig schwer festzustellen, ob sein Vertragspartner im eigenen oder fremden Namen handelt und ob Verfügungs- oder Vertretungsbefugnis vorliegt.

Die **Gegenmeinung** lehnt eine Anwendung des § 366 I HGB auf die Fälle des guten Glaubens an die Vertretungsmacht ab (Canaris, HandelsR, § 27 Rn 16; Jung, HandelsR, § 34 Rn 43; Kindler, Grundkurs, § 7 Rn 59).

- Der Wortlaut des § 366 I HGB ist nach heutigem Verständnis eindeutig. Erfasst sein soll nur der gute Glaube an die Verfügungsbefugnis (§ 185 I BGB), nicht aber der gute Glaube an die Vertretungsmacht (§ 164 I BGB).

- Die Regelung des § 75h HGB über den Schutz des guten Glaubens an die Vertretungsmacht von Handlungsgehilfen ergibt wenig Sinn, wenn schon § 366 I HGB eingreifen würde.
- Die Schutzwürdigkeit des Erwerbers ist geringer, wenn der andere Teil in fremdem Namen (also als Vertreter statt als Verfügungsbefugter) handelt, da er den Vollmachtgeber genannt bekommt (Offenkundigkeitsprinzip!) und sich bei diesem erkundigen kann.
- Die Gegenansicht hätte zur Konsequenz, dass zwar ein Eigentumserwerb stattfände, dieser aber wegen der Unwirksamkeit des Verpflichtungsgeschäfts (dieses ist gem. § 177 BGB [schwebend] unwirksam) einer bereicherungsrechtlichen Rückabwicklung unterworfen ist. Dann aber ist es konsequenter, direkt die analoge Anwendung von § 366 HGB abzulehnen.

  Zwar vertritt K. Schmidt (JuS 1987, 936, 939), dass § 366 HGB auch auf den schuldrechtlichen Vertrag anwendbar sein müsse und der Eigentumserwerb damit kondiktionsfest sei. Dies wäre aber eine dem deutschen Privatrecht völlig fremde Konstruktion. Außerdem kann Rechtsgrund für das Behaltendürfen nur der Kaufvertrag zwischen dem Vertretenen und dem Geschäftspartner sein, nicht aber der Anspruch des Geschäftspartners gegen den Vertreter aus § 179 I BGB.

II. Lagergeld, § 354 HGB

Der Schuldner kann im Falle des Verzugs des Gläubigers gem. § 304 BGB Ersatz der Mehraufwendungen verlangen, die er für das erfolglose Angebot sowie für die Aufbewahrung und Erhaltung des geschuldeten Gegenstands machen musste.

Wenn also der Verkäufer wegen Annahmeverzugs des Käufers die Kaufsache bei sich einlagert, ist er nach § 304 BGB auf den Ersatz des tatsächlich entstandenen Mehraufwandes beschränkt, soweit dieser objektiv erforderlich war (Palandt/Grüneberg, § 304 Rn 1, 2). Ist jedoch der Verkäufer Kaufmann, so greift ergänzend § 354 HGB ein, wonach der Verkäufer, grundsätzlich auch Ersatz der **üblichen** Lagerkosten verlangen kann.

III. Selbsthilfeverkauf, §§ 373, 374 HGB

Ist der Käufer mit der Annahme der Ware im Verzug, so kann der Verkäufer als Erfüllungssurrogat zum Selbsthilfeverkauf schreiten, § 373 II HGB. Der Selbsthilfeverkauf (also z.B. die Versteigerung) erfolgt für Rechnung des säumigen Käufers, § 373 III HGB).

Beispiel 1: Der Käufer, der sich mit der Annahme der Ware im Verzug befindet, verlangt die Herausgabe des Erlöses gem. § 667 BGB. Hier kann der Verkäufer mit seinem Kaufpreisanspruch und den Versteigerungskosten (§ 373 III HGB i.V.m. § 670 BGB) aufrechnen. Innerhalb der §§ 387 ff. BGB müssen die Voraussetzungen der §§ 373 f. HGB geprüft werden.

Beispiel 2: Der Käufer, der sich mit der Annahme der Ware im Verzug befindet, verlangt Vertragserfüllung. Hier ist zu prüfen, ob der Erfüllungsanspruch wegen der Selbsthilfeverkauf gem. § 362 BGB wegen Erfüllung untergegangen ist.

Klausurhinweis:

In einer **Anwaltsklausur** dürfen Sie in so einem Fall nicht vergessen, die Aufrechnung als Gestaltungsrecht auch tatsächlich zu erklären.

Kaufmännische Zinsen

Nach § 353 S. 1 HGB sind Kaufleute untereinander berechtigt, für ihre Forderungen aus beiderseitigen Handelsgeschäften vom Tage der **Fälligkeit** an Zinsen zu fordern. Die **Höhe** der gesetzlichen Zinsen, mit Ausnahme der Verzugszinsen, ist bei beiderseitigen Handelsgeschäften gem. § 352 I 1 HGB **5 %**.

§ 352 HGB ist auf Ansprüche aus **unerlaubter Handlung** – selbst wenn sie im Zusammenhang mit einem beiderseitigen Handelsgeschäft entstanden sind – **nicht** anwendbar (BGH, NJW-RR 1987, 181, 183).

Gleiches gilt für **§ 353 S. 1 HGB**. Die ratio legis der Norm ist schwer zu erfassen und aus heutiger Sicht in Bezug auf das Zinsrecht eine Ungleichbehandlung von Kaufleuten und Nichtkaufleuten kaum nachzuvollziehen, da bereits die Annahme der höheren Produktivität des Geldes in den Händen von Kaufleuten fraglich erscheint. Im Hinblick auf diese Bedenken ist jedenfalls eine enge Auslegung der Norm geboten, die einer Erstreckung auf Forderungen aus unerlaubter Handlung entgegensteht (BGH, VI ZR 121/17, **RA 2018, 365** = JuS 2018, 1243).

Im Falle des **Verzugs** betragen die Zinsen bei Rechtsgeschäften, an denen ein Verbraucher nicht beteiligt ist gem. § 288 II BGB **9 Prozentpunkte über dem Basiszinssatz**.

Sonderregeln bei Bürgschaften

- **§ 350 HGB:** Auf eine Bürgschaft findet, sofern die Bürgschaft auf der Seite des Bürgen ein Handelsgeschäft ist, die Formvorschrift des § 766 Satz 1 und 2 BGB keine Anwendung.

  Beispiel: Der GmbH-Geschäftsführer bürgt für eine Verbindlichkeit der GmbH. Hier greift § 350 HGB nicht ein, da der Geschäftsführer Partei des Bürgschaftsvertrags wird, dieser aber kein Kaufmann ist, sondern die kaufmännische GmbH nur vertritt.

  Beachte: Deshalb ist im Beispiel der Geschäftsführer auch kein Unternehmer, sondern Verbraucher i.S.d. § 13 BGB, was z.B. für §§ 310 und § 312g BGB wichtig sein kann. Für das Widerrufsrecht ist alleine entscheidend, dass der Bürge Verbraucher ist! Ob die Hauptschuld ein Verbraucherdarlehen oder ein gewerblicher Kredit ist und ob der Hauptschuldner ebenfalls durch eine Haustürsituation zum Vertragsschluss bestimmt worden ist, spielt keine Rolle (BGH, XI ZR 169/05; Palandt/ Grüneberg, § 312 Rn 8).

- Fraglich ist, ob ein Fremdgeschäftsführer einer GmbH, eine von ihm persönlich gestellte Sicherheit (z.B. Schuldbeitritt oder Bürgschaft) aus wichtigem Grund kündigen kann, wenn er als Geschäftsführer ausscheidet. Im Wegfall der Geschäftsführerstellung sieht der BGH, XII ZR 155/09, hierfür keinen hinreichenden Grund, denn der Vermieter sollte ja gerade eine zusätzliche Sicherheit erhalten. Das Risiko der Beendigung seiner Geschäftsführerstellung trifft somit allein den Fremdgeschäftsführer.

- **§ 349 HGB:** Dem Bürgen steht, wenn die Bürgschaft für ihn ein Handelsgeschäft ist, die Einrede der Vorausklage (§ 771 BGB) nicht zu.

- **§ 138 BGB** (hierzu Palandt/Ellenberger, § 138 Rn 38g): Die zur Frage der Sittenwidrigkeit von Bürgschaften bei **krasser wirtschaftlicher Überforderung von Bürgen** entwickelten Grundsätze **gelten nicht für** Bürgschaftserklärungen von **GmbH-Gesellschaftern** für Verbindlichkeiten der GmbH. Die Gesellschaftsgläubiger haben i.d.R. ein billigenswertes Interesse an der persönlichen Haftung.

  Eine **Ausnahme** kommt in Betracht, wenn jemand ohne eigenes wirtschaftliches Interesse (allein einem ihm persönlich eng verbundenen Dritten zuliebe) Gesellschafter einer GmbH wird und er deshalb die Bürgschaft für alle Kreditverbindlichkeiten der Gesellschaft übernimmt, obwohl ihm nur die Funktion eines **Strohmanns** zukommt.

Das Kommissionsgeschäft, § 383 ff. HGB

I. Begriff des Kommissionärs

Kommissionär ist derjenige, der es gewerbsmäßig übernimmt, Waren oder Wertpapiere für Rechnung eines anderen (Kommittenten) in eigenem Namen zu kaufen oder zu verkaufen (§ 383 HGB). Die Vorschriften der §§ 383 ff. HGB über das Kommissionsgeschäft sind auch dann anzuwenden, wenn das Unternehmen des Kommissionärs nach Art oder Umfang einen in kaufmännischer Weise eingerichteten Geschäftsbetrieb nicht erfordert und die Firma des Unternehmens auch nicht nach § 2 HGB in das Handelsregister eingetragen ist (§ 383 II HGB). In diesem Fall ist der Kommissionär zwar kein Kaufmann i. S. d. §§ 1, 2 HGB. Wegen der ausdrücklichen gesetzlichen Bestimmung unterliegt er aber gleichwohl den handelsrechtlichen Vorschriften über das Kommissionsgeschäft.

II. Die Rechtsbeziehungen

Dabei sind im Einzelnen folgende Geschäfte zu unterscheiden:

- Der **Kommissionsauftrag**: Hierunter ist die Beauftragung des Kommissionärs durch den Kommittenten zu verstehen.
- Das **Ausführungsgeschäft**: Dies ist der zwischen dem Kommissionär und dem Dritten geschlossene Kaufvertrag und das Erfüllungsgeschäft.
- Das **Abwicklungsgeschäft**: Hierunter ist die Weiterleitung des Verkaufserlöses bzw. der eingekauften Sache (bei der so genannten Einkaufskommission) von dem Kommissionär an den Kommittenten zu verstehen.
- Der Kommissionär schließt den Vertrag mit dem Dritten im eigenen Namen ab. Das bedeutet:
  - bei der Verkaufskommission bleibt der Kommittent Eigentümer. Der Eigentumsübergang vollzieht sich unmittelbar vom Kommittenten auf den Dritten;
  - bei der Einkaufskommission wird zunächst der Kommissionär Eigentümer. Dieser überträgt das Eigentum dann weiter an den Kommittenten.

III. Die Pflichten des Kommissionärs

Diese regeln die §§ 384 ff. HGB.
Besonders hervorzuheben ist die Pflicht des Kommissionärs zur Herausgabe des Erlangten (§ 384 II Hs. 2 HGB).

Bei einer Einkaufskommission muss der Kommissionär entweder den Anspruch gegen den Dritten auf Übereignung der Kaufsache an den Kommittenten abtreten (der Kommissionär wird Inhaber des Anspruchs gegen den Dritten!), oder aber, sofern er den Gegenstand vom Dritten bereits erhalten hat, diesen herausgeben bzw. übereignen (s. oben).

Für den Fall der Verkaufskommission bedeutet die Herausgabepflicht, dass der Kommissionär die Kaufpreisforderung gegen den Dritten an den Kommittenten abtreten muss. Sollte der Kommissionär die Forderung bereits eingezogen haben, so muss er entweder das Bargeld oder aber die Kontogutschrift herausgeben. In der Praxis wird häufig eine Vorausabtretung (antizipierte Abtretung) der Ansprüche gegen den Dritten vereinbart, so dass der Kommittent schon mit Abschluss des Ausführungsgeschäfts Inhaber der Forderung wird. Wird dies jedoch nicht vereinbart, so bleibt der Kommissionär Inhaber der Forderung, wie auch § 392 I HGB ausdrücklich regelt.

IV. Die Rechte des Kommissionärs

1. **Provisionsanspruch**, lesen Sie hierzu § 396 HGB.

2. **Aufwendungsersatz**
   Der Kommissionär kann weiterhin gem. § 670 BGB Aufwendungsersatz verlangen (zum Umfang vgl. auch § 396 II HGB). Dieser Anspruch folgt aus dem Wesen des Kommissionsverhältnisses als eines Geschäftsbesorgungsvertrages. Denn der Kommissionär wird für Rechnung des Kommittenten tätig (vgl. § 383 HGB).

V. Schutzwirkung des § 392 II HGB

Der Kommissionär wird mit Abschluss des Ausführungsgeschäfts Inhaber der Forderungen gegen den Dritten. Es besteht dann für den Kommittenten ein Bedürfnis nach einem Schutz dieser vom Kommissionär für fremde Rechnung gehaltenen Forderung für den Fall, dass Gläubiger des Kommissionärs auf diese Forderung – sei es im Wege der Einzelzwangsvollstreckung durch Pfändung oder im Insolvenzfall – zugreifen. Diesen Schutz gewährt § 392 II HGB, der nämlich im Verhältnis des Kommissionärs zu dessen Gläubigern eine gesetzliche Fiktion („gelten") der Forderungsinhaberschaft des Kommittenten anordnet. Es handelt sich um eine „nur" wirtschaftliche Zuordnung der Forderung zum Kommittenten, denn formell ist und bleibt der Kommissionär Forderungsinhaber (Treuhand).

Ab dem Hauptstudium
bis zum Referendariat

JURA INTENSIV

CRASHKURS

Gesellschaftsrecht – Personengesellschaften

Dr. Dirk Schweinberger

6. Auflage

Jura Intensiv Verlags UG & Co. KG, Frankfurt, Oktober 2021

Einführung

Der Aufbau eines Skripts zum **Personengesellschaftsrecht** bereitet erhebliche Probleme.

Einerseits ist die Gesellschaft bürgerlichen Rechts (im Folgenden „GbR") die Grundform der Personenhandelsgesellschaften OHG und KG (vgl. §§ 105 III, 161 II HGB). Dies spräche dafür, erst die GbR und dann die OHG und die KG zu behandeln. Auf der anderen Seite werden inzwischen zentrale Vorschriften aus dem Recht der OHG analog auf die GbR angewendet. Dies wiederum spräche dafür, dass zunächst die OHG und anschließend die GbR dargestellt wird.

Das vorliegende Skript folgt vor diesem Hintergrund einem gemischten Aufbau.
Zunächst werden die für GbR, OHG und KG geltenden **allgemeinen Grundlagen des Personengesellschaftsrechts** dargestellt.
Dann werden die speziellen Themen „der Reihe nach" abgehandelt, wobei von Fall zu Fall entschieden wird, ob mit der Darstellung der Rechtslage bei der OHG oder derjenigen bei der GbR begonnen wird.

Der Fokus beim Lernen:

In der Regel geht es bei Klausuren aus dem Bereich des Gesellschaftsrechts um die folgenden Themenbereiche:

- Ist die Gesellschaft wirksam vertreten worden?
- Wer haftet neben der Gesellschaft?
- Kann der Gesellschaft Wissen oder Verschulden zugerechnet werden?

Auch wenn das vorliegende Skript sich nicht auf diese Themen beschränkt, sollten Sie auf diese Punkte stets den primären Fokus beim Lernen legen. Bei diesen „Standards" werden Fehler nämlich vom Prüfer nicht verziehen.

Die unterschiedlichen Personengesellschaften

A. Einleitung

I. Rechtsformzwang

Wer eine Gesellschaft gründen will, muss sich aus dem Angebot des Gesetzgebers bedienen.

Merke: Es ist nicht möglich, im Wege der Privatautonomie, eigene Gesellschaftsformen zu erfinden. Man nennt dies den **numerus clausus der Gesellschaftsformen** oder auch **Rechtsformzwang.**

Dadurch kann es den Fall der „**Rechtsformverfehlung**" geben. Das bedeutet entweder, dass die Gesellschafter objektiv eine Gesellschaft gegründet haben, obwohl ihnen dies gar nicht bewusst war, oder dass sie objektiv eine andere Gesellschaft gegründet haben, als sie dies eigentlich wollten.

Maßgeblich ist die objektive Sachlage und nicht die subjektive Einschätzung der Rechtslage durch die Gesellschafter. Das kann zu massiven Haftungsrisiken führen, wenn z.B. eine Rechtsform falsch eingeschätzt wird und deshalb wegen falscher Bezeichnung (Firmierung) eine Rechtsscheinhaftung begründet wird oder wenn z.B. „unbewusst" eine kaufmännische Gesellschaft gegründet wurde, die das Kaufmannsrecht beachten muss.

Beispiel: A und B gründen einen großen Versandhandel. Dabei meinen Sie, dass sie nur durch eine Registereintragung kaufmännisch werden. Diese Eintragung schieben sie aber auf, weil sie erst etwas Erfahrung sammeln wollen, bevor sie sich dem Kaufmannsrecht unterwerfen.

Gem. §§ 105 I, 123 II HGB i.V.m. § 1 HGB stellt der Versandhandel eine sog. „Ist-OHG" dar. Auf diese Handelsgesellschaft findet gem. § 6 I HGB Kaufmannsrecht Anwendung. Mithin müssen A und B z.B. die Regeln über die kaufmännische Rügepflicht gem. § 377 HGB beachten, auch wenn ihnen das nicht bewusst ist.

Merke: Der Rechtsformzwang führt auch dazu, dass es einen **Formwechsel** außerhalb des Umwandlungsgesetzes durch rein tatsächliche Umstände geben kann.

Beispiel: A und B gründen einen kleinen Versandhandel, der zunächst eher hobbymäßig betrieben wird. Das Geschäft entwickelt sich jedoch so gut, dass beide ihre Jobs kündigen, ihr Hobby zum Beruf machen und einen Groß-Versand aufbauen.

Hier ist aus der ursprünglichen GbR gem. §§ 105 I, 123 II HGB i.V.m. § 1 HGB eine Ist-OHG geworden.

Merke: Der Formwechsel berührt nicht die Identität der Gesellschaft. Bzgl. des Gesellschaftsvermögens und der Vertragsbeziehungen sind also keine Übertragungsakte nötig.

II. Allgemeiner und Besonderer Teil des Personengesellschaftsrechts

Die Regelungen der §§ 705 ff. BGB stellen den „Allgemeinen Teil des Personengesellschaftsrechts“ dar. Hierauf aufbauend (vgl. § 105 III HGB) regeln die §§ 105 ff. HGB die besondere Personenhandelsgesellschaft der „Offenen Handelsgesellschaft“ (OHG) und die §§ 161 ff. HGB die Kommanditgesellschaft (KG) als weitere Personenhandelsgesellschaft.
Mithin sind die §§ 705 ff. BGB auch auf die OHG und die KG anwendbar, wenn sich im HGB insoweit keine vorrangigen Spezialregelungen finden.

Beispiele: **GbR**: A und B betreiben gemeinsam einen kleinen Handel mit Briefmarken und fahren gemeinsam viermal im Jahr auf einen „Sammlertag“, wo sie jeweils Umsätze in Höhe von maximal 2.000 € erzielen.

OHG: A und B betreiben gemeinsam einen Großgetränkehandel.

KG: A, B und K betreiben gemeinsam einen Großgetränkehandel. A und B führen die Geschäfte, wohingegen K sich nur mit einer Geldeinlage i.H.v. 50.000 € beteiligt hat und dafür einen fixen Gewinnanteil erhält.

III. Übersicht zu den Personengesellschaften

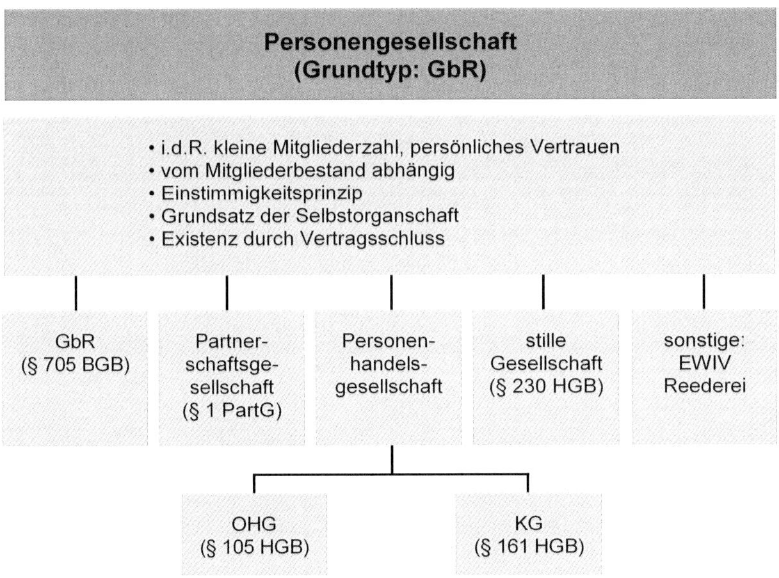

B. Gemeinsame Merkmale aller Personengesellschaften

I. Mindestkapital

Für die Gründung einer Personengesellschaft ist **kein Mindestkapital** erforderlich, denn in jeder Personengesellschaft gibt es Gesellschafter, die **persönlich** und ohne Einschränkung mit ihrem gesamten Vermögen für alle Verpflichtungen der Gesellschaft **haften**. Es zählt der „gute Namen" der Gesellschafter. Eine „Pleite" der Gesellschaft kann aber auch mit der Insolvenz der persönlich haftenden Gesellschafter einhergehen.

Dies ist der zentrale Unterschied zu den **Kapitalgesellschaften** GmbH und AG. Hier haften die Gesellschafter im Regelfall nicht persönlich, sondern alleine die Gesellschaft als juristische Person. Deshalb muss sie durch Stammeinlagen (Aktien) kapitalisiert werden.

II. Grundsatz der Selbstorganschaft

Definition: Zur Geschäftsführung zählen alle Tätigkeiten gleich ob tatsächlicher oder rechtlicher Natur, die der Förderung des Gesellschaftszwecks dienen.

Merke: Die Geschäftsführung einer Personengesellschaft kann nicht vollständig auf einen außenstehenden Dritten delegiert werden, sie obliegt den persönlich haftenden Gesellschaftern (**Grundsatz der Selbstorganschaft**).

Das bedeutet nicht, dass es verboten ist, z.B. bei OHG und KG einen Prokuristen zu bestellen, der **neben** den Gesellschaftern die Gesellschaft vertreten kann. Es darf lediglich keine Regelung getroffen werden, die den Nicht-Gesellschafter alleine zur Vertretung ermächtigt.

Hier findet sich ein weiterer Unterschied zu den **Kapitalgesellschaften** GmbH und AG.
Der GmbH-Geschäftsführer muss kein Gesellschafter sein und der Vorstand der AG muss keine Aktien besitzen. Insofern gilt der Grundsatz der **Fremdorganschaft**.

III. Geringe formale Anforderungen

Die Gründung einer Personengesellschaft unterliegt schließlich nur **geringen formellen Anforderungen**. So kann eine Personengesellschaft auch bereits dadurch entstehen, dass mehrere Personen gemeinsam handeln und dadurch einen formfreien **konkludenten Gesellschaftsvertrag** abschließen.

Auch hier besteht ein weiterer Unterschied zu den **Kapitalgesellschaften** GmbH und AG. Der Gesellschaftsvertrag (bzw. die Satzung) muss notariell beurkundet werden, § 2 I 1 GmbHG, § 23 I 1 AktG, und die Gesellschaft ersteht erst mit Eintragung in das Handelsregister, §§ 7 I, 11 I GmbHG, §§ 36, 37 AktG.

Bei den Personengesellschaften gilt allerdings eine **Ausnahme**: Enthält der Gesellschaftsvertrag ein **formbedürftiges Leistungsversprechen**, bedarf der ganze Vertrag der entsprechenden Form. Beispiele sind die §§ 311b I 1, II, 518 I BGB, wobei an die Heilungsvorschriften der §§ 311b I 2, 518 II BGB zu denken ist.

Klausurhinweis:

Merken Sie sich in diesem Kontext: Die Formvorschrift darf durch die Anwendung der Grundsätze zur fehlerhaften bzw. faktischen Gesellschaft nicht umgangen werden!

IV. Persönliche Haftung

Die Personengesellschaften sind durch die persönliche Haftung ihrer Gesellschafter geprägt, vgl. § 128 HGB. Eine Ausnahme gilt insoweit für die Kommanditisten einer KG, die nur bis zur Höhe ihrer Haftsumme haften, § 171 HGB.

V. Zweckförderung

Die Gesellschafter verpflichten sich, den **gemeinsamen Zweck zu fördern**. Dies geschieht auch und vor allem durch die Leistung der vertraglich vereinbarten **Beiträge**, vgl. § 705 BGB.

Merke: Es gibt keine beitragsfreie Gesellschaft.

Dieser Grundentscheidung der Gesellschafter entspringt der Rechtsgedanke der Treupflicht der Gesellschafter gegenüber der Gesellschaft bzw. ihren Mitgesellschaftern. Diese Treuepflicht ist zum einen oftmals Anknüpfungspunkt, wenn „unredliches" Verhalten in Diskussion steht und zum anderen flexible Quelle zur Schöpfung von ungeschriebenen Rechtspflichten der Gesellschafter untereinander und zur Gesellschaft.

Merke: Die Erbringung eines kapitalmäßigen Anteils ist kein notwendiger Wesensbestandteil der GbR (OLG Frankfurt, 20 W 264/12, JuS 2013, 653).

§ 706 III BGB: Der Beitrag eines Gesellschafters kann auch in der **Leistung von Diensten** bestehen. Die Gesellschaft entsteht nur dann nicht, wenn einer (von zwei) Gesellschaftern gänzlich beitragsfrei gestellt wird.

Daraus, dass man sich gemeinsam zur Zweckförderung verbunden hat, wird auch geschlussfolgert, dass der Gesellschaftsvertrag **kein gegenseitiger Vertrag** ist, also auch keine Anwendung von §§ 320, 322 BGB erfolgt. Der einzelne Beitrag wird nicht als Gegenleistung für diejenigen der Mitgesellschafter geschuldet, sondern zur Förderung des gemeinsamen Zwecks und mit Blick auf den aus der Gesellschaftsbeteiligung erwarteten Gewinn.
Wohl aber kann sich der Beitragsschuldner gegenüber der Einforderung des Beitrags durch die Gesellschaftsorgane auf den Gleichbehandlungsgrundsatz berufen, sofern er nach dem Gesellschaftsvertrag nicht vorleistungspflichtig ist. Mit dieser Begründung kann er entsprechend § 273 BGB die Leistung der Einlage verweigern, wenn und solange die Einlagen der Mitgesellschafter weder eingefordert noch geleistet sind.

Nach ganz h.M. soll dies bei einer **Gesellschaft aus nur zwei Personen** anders sein. Hier nähern sich die wechselseitigen Beitragspflichten angesichts der besonderen Konstellation des Gesellschaftsverhältnisses denjenigen in einem Austauschverhältnis so weitgehend an, dass der entsprechenden Anwendung der §§ 320, 322 BGB keine Bedenken entgegenstehen. Der Erfüllung verlangende Mitgesellschafter, dessen Beitrag ebenfalls noch aussteht, kann also nur Verurteilung des säumigen Gesellschafters auf Leistung gleichzeitig mit der Erbringung des eigenen Beitrags in das Gesellschaftsvermögen verlangen.

C. Die Gesellschaft bürgerlichen Rechts (GbR)

Eine GbR entsteht bereits dann, wenn mehrere Personen **gemeinsam einen Zweck verfolgen** (§ 705 BGB) und (als sog. „Außengesellschaft") am Geschäftsleben teilnehmen. Es bedarf weder eines schriftlichen Gesellschaftsvertrages noch einer Eintragung in einem Register. Vielmehr kann der notwendige Gesellschaftsvertrag mündlich oder gar konkludent geschlossen werden. Anders formuliert kann es den Fall geben, dass die Beteiligten selbst nicht wissen, dass sie juristisch betrachtet eine GbR gegründet haben.

Merke: Die meisten Regeln der §§ 705 ff. BGB sind dispositives Gesetzesrecht, können also durch den Gesellschaftsvertrag abweichend geregelt werden.

Fehlen jedoch vertragliche Regelungen ganz oder teilweise, gelten die Bestimmungen des BGB, ohne Rücksicht darauf, ob dies den Vorstellungen der Beteiligten entspricht oder nicht. Das bedeutet z.B., dass alle Entscheidungen gem. § 709 BGB einstimmig getroffen werden müssen.

D. Die Offene Handelsgesellschaft (OHG)

Die gleichen Grundprinzipien gelten für die OHG. Allerdings setzt diese die Verfolgung eines besonderen Zwecks voraus: Den **Betrieb eines Handelsgewerbes, § 105 I HGB**.
Im Gegensatz zum Gesetzeswortlaut des § 105 I HGB ist „unter gemeinschaftlicher Firma" kein zu prüfendes Tatbestandsmerkmal!

Ob ein Handelsgewerbe betrieben wird, bestimmt sich nach den allgemeinen Regeln der §§ 1 – 5 HGB, §§ 105 II, 123 I, II HGB.

„**Istkaufmännische OHG**" (vgl. § 1 HGB): A und B betreiben in Personengesellschaft einen Großgetränkehandel.

„**Kannkaufmännische OHG**" (vgl. § 2 HGB): A und B betreiben in Personengesellschaft einen kleinen „Tante-Emma-Laden", lassen sich aber freiwillig als OHG in das Handelsregister eintragen.

„Fiktiv-OHG" (vgl. § 5 OHG): A und B betreiben einen Großgetränkehandel, den sie in das Handelsregister eintragen lassen. Als die Geschäfte immer schlechter laufen und sie auf das Niveau eines „Tante-Emma-Ladens" absteigen, lassen Sie alte Eintragung unverändert.
Details zu den §§ 1 ff. HGB finden Sie im Crashkurs-Skript zum Handelsrecht.

Ob durch die Personengesellschaft ein Handelsgewerbe betrieben wird oder nicht, ist das einzige Abgrenzungskriterium zur GbR.

Die **persönlich haftenden Gesellschafter** nennt man bei der KG (und auch bei der OHG) **Komplementäre**. Nach h.M. sind auch sie selbst – und nicht nur die OHG bzw. die KG – **Kaufleute**.

E. Die Kommanditgesellschaft (KG)

Einige wesentliche Unterschiede zu den vorstehenden Personengesellschaften bestehen bei der **Kommanditgesellschaft (KG)**. Hier trifft die uneingeschränkte persönliche Haftung nur den oder die sog. **Komplementäre**, die auch für die Geschäftsführung der Gesellschaft verantwortlich sind, §§ 114 I, 161 II HGB.

Daneben gibt es eine zweite Gesellschafterart, die **Kommanditisten**, die lediglich als Kapitalgeber fungieren und keine Geschäftsführungs- (§ 164 I 1 HGB) und keine Vertretungsbefugnisse (§ 170 HGB) haben. Diese sind deshalb auch nicht „Betreiber" des Gewerbes, also **selbst keine Kaufleute**.

Die Haftung dieser Kommanditisten beschränkt sich auf die im Handelsregister eingetragene Haftsumme und erlischt, sobald diese ordnungsgemäß an das Unternehmen als „Einlage“ gezahlt wurde, § 171 I 2. HS HGB. Die Eintragung im Handelsregister ist für diese Haftungsbeschränkung Voraussetzung, sofern der Vertragspartner nicht explizit auf die Kommanditistenstellung hingewiesen wird, § 176 HGB. Auf diese Weise kann die Expansion einer Personengesellschaft ermöglicht werden, ohne den Kapitalgebern Mitspracherechte zu gewähren oder diese einem unkalkulierbaren Haftungsrisiko auszusetzen.

F. Übersicht zu den Personengesellschaften im Detail

BGB-GESELLSCHAFT	PERSONENHANDELSGESELLSCHAFTEN	
	OHG	KG
Nicht unbedingt wirtschaftl., vertraglicher Zusammenschluss mehrerer Personen zur Förderung eines gemeinsamen Zwecks (§§ 705 ff. BGB).	Teilrechtsfähiger Personenzusammenschluss zum Betrieb eines **kaufmännischen** Gewerbes (§ 105 I HGB); ausreichend ist auch der Zusammenschluss zum Betrieb eines nichtkaufmännischen Gewerbes bzw. einer eigenen Vermögensverwaltung, sofern die Firma in das HR eingetragen wird (§ 105 II HGB).	Def. wie OHG, jedoch **Haftung bei einem oder mehreren Gesellschaftern** (den sog. **Kommanditisten**) auf die **Haftsumme beschränkt**.

G. Die Partnerschaftsgesellschaft

Freiberufler haben neben der GbR-Gründung die Möglichkeit, sich in einer **Partnerschaftsgesellschaft** zusammenzuschließen. Das PartGG enthält weitreichende Verweisungen auf das Recht der OHG, vgl. §§ 6 III, 7 II, III, 8 I, 9 I PartGG. Außerdem wird in § 1 IV PartGG subsidiär auf das Recht der GbR verwiesen.

Klausurhinweis:

Machen Sie sich deutlich: Durch den Verweis auf das Recht der GbR ergeben sich für den Prüfer interessante Optionen: Er „schockt“ den Prüfling durch das Auftauchen einer Partnerschaftsgesellschaft, prüft aber „eigentlich“ Standards aus dem normalen Personengesellschaftsrecht.

Anders als bei der GbR kann die Haftung hier auf den Partner beschränkt werden, der für ein bestimmtes Geschäft verantwortlich zeichnet.

Beispiel: Eine Sozietät besteht aus 5 Gesellschaftern (den sog. „Partnern“) und 15 angestellten Anwälten. Wenn im Team des Partners A ein Fall der Anwaltshaftung auftritt, haften hierfür die anderen Partner nicht; bei einer GbR wäre dies anders.

Für die Partnerschaftsgesellschaft ist die Anmeldung in ein gesondertes Partnerschaftsregister vorgesehen.

H. Die GmbH & Co. KG

Die **GmbH & Co. KG** ist eine besondere Erscheinungsform der KG, deren persönlich haftende Gesellschafterin (Komplementär) keine natürliche Person, sondern eine GmbH (juristische Person) ist. Demnach ist die GmbH & Co. KG eine Personengesellschaft, dessen persönlich haftender Gesellschafter eine Kapitalgesellschaft ist. Die GmbH & Co. KG wird häufig dann verwendet, wenn eine Vielzahl von Kommanditisten Geldbeträge einbringen und aufgrund hoher Finanzvolumen niemand die Position des persönlich haftenden Gesellschafters übernehmen will.

In der Praxis häufig ist aber auch die „**Ein-Mann-Gründung**“: A gründet alleine eine Ein-Mann-GmbH, deren einziger Gesellschafter und deren Gesellschafter-Geschäftsführer er wird. Mit dieser Ein-Mann-GmbH schließt A persönlich als Kommanditist einen KG-Vertrag und gründet so alleine (!) eine GmbH & Co. KG. Dieses Konstrukt hat gewisse steuerliche Vorteile, die den Rahmen dieses Skript sprengen würden und auch kein Prüfungsstoff sind.

Merke: Da es sich bei der GmbH & Co. KG also um eine „KG“ handelt, bei der dennoch niemand unbeschränkt persönlich haftet, muss dieser Umstand in der Firmierung deutlich gemacht werden, § 19 II HGB, um eine Rechtsscheinhaftung zu vermeiden.

Der Zusatz Compagnie, heutzutage fast immer Co. oder Cie. abgekürzt, dient in Firmen dem Hinweis, dass es neben der im Firmennamen genannten Person noch weitere Gesellschafter gibt. Otto Müller & Co. bedeutet zum Beispiel, dass Otto Müller nicht alleiniger Unternehmensinhaber ist.

Beispiel: Der Geschäftsführer F der Komplementär-GmbH nennt die Gesellschaft beim Vertragsschluss nur „KG“. Damit setzt er den Rechtsschein unbeschränkter persönlicher Haftung. Rechtsfolge: Nach den Grundsätzen zum „unternehmensbezogenen Geschäft“ kommt der Vertrag mit der Gesellschaft zustande, die tatsächlich existiert, also der GmbH & Co. KG. Zusätzlich haftet aber der F, der den Rechtsschein gesetzt hat, unbeschränkt persönlich als Schein-Komplementär gem. §§ 124 I, 128, 161 II HGB analog.

I. Abgrenzung der GbR zur bloßen Bruchteilsgemeinschaft

Bei der bloßen Bruchteilsgemeinschaft hat jeder Teilhaber ein durch die Mitberechtigung der anderen beschränktes Recht an dem ganzen, ungeteilten Gegenstand. Es gibt kein ungeteiltes Sondervermögen „der Gemeinschaft“, auch keine Einbringung von Gegenständen in „die Gemeinschaft“. Das Teilrecht bildet einen selbstständigen Vermögensgegenstand; aber es ist dem Vollrecht wesensgleich.

Miteigentum ist ein Unterfall der Bruchteilsgemeinschaft (gesetzliches Schuldverhältnis) gem. §§ 741 ff. BGB. Einziger Unterschied sind die Sonderregeln für das Miteigentum in §§ 1008 - 1011 BGB.

Folglich gilt, dass der Miteigentumsbruchteil „echtes“ Eigentum ist (dem Vollrecht wesensgleich).

Eine **reine Bruchteilsgemeinschaft** ist keine GbR. Die GbR zeichnet sich gerade dadurch aus, dass das Eigentum eben nicht allen Gesellschaftern zu (frei verfügbaren) Bruchteilen zusteht, sondern dass alle Gesellschafter das gesamte Eigentum zur „Gesamthand“ halten. Bei der **Gesamthand** steht keinem Gesellschafter ein ideeller oder bestimmbarer Teil an z.B. dem Grundstück zu, sondern jedem Gesellschafter gehört das gesamte Eigentum gemeinsam mit den anderen Gesellschaftern. Dem einzelnen Gesellschafter steht vom Gesellschaftsvermögen nur ein rechnerischer Anteil zu, über den er nicht gesondert verfügen kann. Anders bei der Bruchteilsgemeinschaft, wo jeder gem. § 747 S. 1 BGB über seinen Anteil verfügen kann. Dies ist bei der GbR gem. § 719 I BGB gerade ausgeschlossen.

Merke: Das bloß gemeinsame halten von Miteigentum genügt nicht als verfolgter Zweck i.S.v. § 705 I BGB.

Beispiel 1: A und B kaufen sich gemeinsam ein Wochenendhaus, weil sie es sich jeweils alleine nicht leisten könnten. Die Nutzung erfolgt abwechselnd.

Beispiel 2: A und B kaufen sich gemeinsam ein Ferienhaus, um es an Touristen zu vermieten.

In Beispiel 1 liegt eine Bruchteilsgemeinschaft in Beispiel 2 eine GbR vor.
Fazit: Bei der Bruchteilsgemeinschaft wird zwar nicht der Gegenstand geteilt, aber die **Rechtszuständigkeit**.
Bei der Gesamthandsgemeinschaft werden weder der Gegenstand noch die Rechtszuständigkeit geteilt.

Merke: Gemeinschaft (Bruchteilsgemeinschaft) und Gesamthand sind unvereinbare Gegensätze. Derselbe Gegenstand kann entweder mehreren zu Bruchteilen zustehen, oder er steht einer Gesamthand zu. Beides zugleich ist nicht möglich.

Die Entstehung der Personengesellschaft

A. Einigung über gemeinsamen Zweck

Jeder Personengesellschaft liegt ein Gesellschaftsvertrag zugrunde.
Die Gesellschafter (mindestens zwei natürliche oder juristische Personen) müssen sich darüber einigen, dass ein gemeinsamer Zweck verfolgt wird. Der gemeinsame Zweck ist die Grundvoraussetzung der Gesellschaft und grenzt den Gesellschaftsvertrag von den sonstigen vertraglichen Schuldverhältnissen – vor allem den Austauschverträgen – ab.
Der Gesellschaftsvertrag kann ausdrücklich oder stillschweigend geschlossen werden. Er ist formfrei.

Genehmigung: Zur Beteiligung eines **Minderjährigen** an einer Gesellschaft (Abschluss oder Eintritt) bedarf es des Vertragsschlusses durch den gesetzlichen Vertreter (der nicht Mitgesellschafter sein darf [§§ 181, 1795 II, 1629 II BGB] !) mit Genehmigung des Vormundschaftsgerichts (§§ 1822 Nr. 3, 1643 Abs. 1 BGB).

Gerade bei einem bloß **konkludenten Vertragsschluss** tauchen typische **Abgrenzungsprobleme** auf:

Gemeinsames Halten einer Sache begründet nur dann eine Gesellschaft, wenn ein darüber hinausgehender Zweck verfolgt wird (Abgrenzung zur Bruchteilsgemeinschaft, §§ 741 ff. BGB), dazu oben.

Finden sich z.B. mehrere Schülerinnen und Schüler zu dem gemeinsamen Zweck der **Organisation der Abiturfeier** zusammen, kommt u.U. durch schlüssiges Handeln eine GbR zu Stande. Die fehlende Registerpublizität der Schüler-GbR steht der Annahme einer rechtsfähigen Außen-GbR nicht grundsätzlich entgegen, sondern es obliegt demjenigen, der nach einem Urteil gegen die GbR einzelne natürliche Personen in Anspruch nehmen möchte, darzulegen, ob diese Personen Gesellschafter sind.
Fraglich ist jedoch, ob eine „Abiturjahrgangs-GbR" anzunehmen ist (bejahend LG Detmold, 10 S 27/15, **RA 2015, 417**) oder bloß eine „Abschlussballkomitee-GbR" (so [in Klausurform!] Hau/Lerp, JA 2017, 251 ff.). Gegen eine GbR mit allen Schülern, welche Feierlichkeiten des Abiturjahrgangs befürworten, spricht, dass man dann fälschlicherweise von der Zulässigkeit einer GbR mit offenem Gesellschafterkreis ausgehen würde (Hippeli, NJW 2015, 3176, 3178; Hippeli, ZJS 2015, 620, 621). Dafür spricht eine an der Interessenlage ausgerichtete (BeckOK-Schöne, § 705 Rn 27) Auslegung: Die Komiteemitglieder haben ein starkes Interesse daran, sämtliche Abiturientinnen und Abiturienten vertraglich mit zu binden, um eine gleichmäßige Kostenverteilung sicherzustellen; dem hätten sich die übrigen Mitglieder des Abiturjahrgangs (außer etwaiger Mitwirkungsverweigerer) billigerweise nicht verweigern können (Weber, JA, 2017, 69, 71).

Sofern man eine „Abiturjahrgangs-GbR" ablehnt, liegt insoweit ein reines **Gefälligkeitsverhältnis** vor.
Liegt das gemeinsame Interesse in einer **Gewinnbeteiligung**, können *partiarische Rechtsverhältnisse* (Austauschverträge, bei denen das Entgelt einer Partei ganz oder zum Teil in einer Gewinnbeteiligung liegt) oder Gesellschaften vorliegen. Zwar hat der am Gewinn Beteiligte in diesem Fall ein eigenes Interesse am Gewinn des anderen. Dieses Ziel wird aber nicht als gemeinsamer Vertragszweck verfolgt (z.B.: Dienstvertrag mit Umsatzbeteiligung). Für eine Gesellschaft sprechen als Indizien: Verlustbeteiligung; Vereinbarung von Kontroll- und Mitwirkungsrechten.

Die konkludente Vereinbarung einer **Ehegattengesellschaft** setzt voraus, dass ein über die Verwirklichung der ehelichen Lebensgemeinschaft (oder Lebenspartnerschaft) hinausgehender Zweck verfolgt wird; z.B.: gemeinsamer Aufbau eines Unternehmens oder gleichberechtigte Ausübung einer gewerblichen oder beruflichen Tätigkeit.

Bei **nichtehelichen Lebensgemeinschaften** sind auch ohne Gesellschaftsvertrag bei der Auseinandersetzung bezüglich einzelner Vermögensgegenstände gesellschaftsrechtliche Grundsätze anwendbar, wenn sich die Absicht gemeinschaftlicher Wertschöpfung feststellen lässt.

B. Innen- und Außengesellschaft

Bei der gemeinsamen Gründung einer Personengesellschaft ist der „Auftritt nach außen" eine ganz entscheidende Zäsur.

Merke: Erst wenn nach außen gehandelt wird, z.B. in Form eines Vertragsschlusses, können erstmals größere Haftungsrisiken für die Gesellschaft und die Gesellschafter selbst entstehen. Deshalb unterscheidet man die sog. Innengesellschaft, die (noch) nicht am Rechtsverkehr teilnimmt, von der sog. Außengesellschaft.

I. OHG

Gut nachvollziehen lässt sich dies z.B. bei der OHG.

__Beispiel__: A und B wollen gemeinsam einen Großgetränkehandel betreiben. Sie führen intern umfangreiche Vorbereitungsmaßnahmen durch, wie z.B. Entwicklung eines Geschäftsmodells, Aufstellung eines Wirtschaftsplans, Entwürfe für Arbeitsverträge und Stellenanzeigen.

Irgendwann wird im Beispiel eine „Kneipenidee" also so konkret, dass man vom konkludenten Abschluss eines Gesellschaftsvertrags ausgehen muss. Dies wäre eine sog. **Gründungsgesellschaft**, weil der Zweck der Gesellschaft darin liegt, eine Großgetränkehandels-OHG zu gründen. Diese Gründungsgesellschaft wäre zunächst eine reine **Innengesellschaft**, vgl. § 105 I HGB.

Reine Innengesellschaften wirken auch zunächst nur im Innenverhältnis. Es gibt noch kein Gesellschaftsvermögen und keine gemeinsame Vertretung, da dies ja den Auftritt nach außen voraussetzen würde.
Innengesellschaften sind folglich keine Gesamthandsgemeinschaften.

Wenn sich im Beispiel die Planungen und Vorbereitungen immer weiter verdichten, wird der Tag kommen, wo der erste Vertrag nach außen geschlossen werden muss, z.B. Anmietung der Räumlichkeiten, Programmierung einer Homepage. Hier droht nun erstmals eine Haftung der Gesellschaft gem. § 124 HGB und eine unbeschränkte persönliche Haftung der Gesellschafter gem. § 128 HGB. Deshalb verlangt § 123 HGB, dass für die **Entstehung der Außengesellschaft** bestimmte Voraussetzungen erfüllt sein müssen:

Gem. § 123 I HGB kann die Außen-OHG entstehen durch **Eintragung im Handelsregister**.

Ohne diese Eintragung entsteht die Außen-OHG gem. § 123 II HGB durch **faktische Geschäftsaufnahme** als Handelsgesellschaft. Da nunmehr aber allen Gesellschaftern gem. § 128 HGB die unbeschränkte persönliche Haftung droht, müssen – als ungeschriebenes Tatbestandsmerkmal – **alle Gesellschafter** dem Auftritt der Gesellschaft nach außen **zustimmen**. Dadurch soll verhindert werden, dass einzelne (übereifrige) Gesellschafter die anderen in persönliche Haftung stürzen können.

Fehlt es im Rahmen von § 123 II HGB an der Zustimmung aller Gesellschafter, so haften diejenigen Gesellschafter, die den eigenmächtigen Auftritt nach außen zu verantworten haben, einerseits als Vertreter ohne Vertretungsmacht gem. § 179 BGB und andererseits nach Rechtsscheinsgesichtspunkten als Schein-Komplementäre einer Schein-OHG gem. §§ 124 I, 128 HGB analog, § 242 BGB.

Merke: Eine OHG (**parallel KG**) kann folglich als Innengesellschaft bereits entstanden sein, als Außengesellschaft aber nicht. Sind bloße Ansprüche aus dem Innenverhältnis zu prüfen, darf folglich nicht darauf abgestellt werden, dass die OHG (KG) gem. § 123 HGB nicht entstanden sei!

II. KG

Die gleichen Grundsätze wie bei der OHG gelten auch bei der KG. Hier ist ergänzend auf § 176 HGB hinzuweisen. Diese Norm regelt eine Rechtsscheinhaftung für den folgenden Fall:

Beispiel: Tritt eine KG, die noch nicht im Handelsregister eingetragen ist, am Markt auf, geht der Vertragspartner der Personengesellschaft an sich davon aus, dass ihm alle Gesellschafter persönlich haften. Wenn und weil dies bei einer KG in Person der Kommanditisten nicht der Fall ist, muss der Vertragspartner – solange die KG nicht im Handelsregister eingetragen ist – hierauf hingewiesen werden. Anderenfalls wird der Rechtsschein persönlicher Haftung der Kommanditisten gesetzt und diese haften gem. § 176 HGB unbeschränkt persönlich. Dies gilt freilich nur – vgl. § 176 HGB – wenn der jeweilige Kommanditist dem Geschäftsbeginn zugestimmt hat.

III. GbR

Für die GbR gelten die Regeln der OHG für die Entstehung der Außen-GbR entsprechend. Allerdings kann die GbR, da sie nicht registerfähig ist, nur nach § 123 II HGB analog entstehen. Auch hier gilt das oben begründete ungeschriebene Tatbestandsmerkmal: Es müssen alle Gesellschafter dem Auftritt der GbR nach außen – und damit der Entstehung der Außen-GbR – zugestimmt haben.

BGB-GESELLSCHAFT	PERSONENHANDELSGESELLSCHAFTEN	
Entstehung § 705 BGB	**Entstehung § 105 HGB**	**Entstehung**
(formfreier) Gesellschaftsvertrag: mind. zwei Personen (natürliche oder juristische, OHG oder KG); Gemeinsamer Zweck: grds. **jeder Zweck** ausreichend, (Halten und Haben von Sachen dann nicht, wenn keine gemeinsame Nutzung). Beachte: Sofern ein kaufmännischer Zweck i.S.d. § 1 HGB vorliegt, ist eine OHG gegeben!	**im Innenverhältnis** formfreier Gesellschaftsvertrag: mind. zwei Personen; gemeinsamer Zweck: Betrieb eines Handelsgewerbes unter gemeinschaftlicher Firma; bei den kleingewerbetreibenden und vermögensverwaltenden Zusammenschlüssen (§ 105 II HGB) muss zusätzlich noch eine konstitutive Eintragung erfolgen. **im Außenverhältnis § 123 HGB** Grundsatz: § 123 I HGB Eintragung ins HReg Ausn.: § 123 II HGB einverständliche Geschäftsaufnahme sofern § 123 II letzter HS HGB nicht einschlägig.	§ 161 II HGB: Es gelten Regeln der OHG

Mängel des Gesellschaftsvertrages

Ein gerne geprüftes Problem ist die mangelhafte Gründung der Personengesellschaft. Hier geht es um Mängel des Gesellschaftsvertrags und die Frage, zu welchen Rechtsfolgen diese Mängel führen.

Es sind zwei Fallgruppen zu unterscheiden:

- Der Gesellschaftsvertrag ist von Anfang an nichtig.
- Der Gesellschaftsvertrag ist bloß anfechtbar.

A. Der Gesellschaftsvertrag ist von Anfang an nichtig

Wenn ein Gesellschaftsvertrag anfänglich nichtig ist, sind wiederum zwei Unterfälle zu unterscheiden:

- Die Gesellschaft ist nicht in Vollzug gesetzt.
- Die Gesellschaft ist bereits in Vollzug gesetzt.

I. Gesellschaft ist nicht in Vollzug gesetzt

Wird die Nichtigkeit des Gesellschaftsvertrages bemerkt, bevor die Gesellschaft in Vollzug gesetzt wurde, also relevante Vermögensverschiebungen stattgefunden haben, greift das normale BGB. Der Gesellschaftsvertrag ist nichtig und u.U. schon erbrachte (kleinere) Leistungen sind gem. § 812 I 1 1. Var. BGB zurück zu gewähren.

II. Gesellschaft ist bereits in Vollzug gesetzt

Ist die Gesellschaft bereits in Vollzug gesetzt, scheidet eine Anwendung der allgemeinen BGB-Regeln (vor allem eine Anwendung des Bereicherungsrechts) aus. Die „normative Kraft des Faktischen“ verbietet es, so zu tun, als habe es die (Außen-)Gesellschaft nie gegeben.

Beispiel: A, B und C haben gemeinsam eine Personengesellschaft aufgebaut und über Jahre hinweg betrieben. Nunmehr wird ärztlich festgestellt, dass B bereits seit vielen Jahren (vor der Gründung der Gesellschaft) unerkannt geisteskrank war und ist.

Eine Rückabwicklung der Gesellschaft (und aller von ihr getätigten Rechtsgeschäfte) nach Bereicherungsrecht verbietet sich (und dürfte auch schlicht unmöglich sein).

Merke: Wegen der normativen Kraft des Faktischen wird die Gesellschaft – unter bestimmten Voraussetzungen – für die Vergangenheit als voll wirksam behandelt. Man kann insoweit von einer „**faktischen Gesellschaft**“ sprechen.

1. Voraussetzungen für eine faktische Gesellschaft

- **Unwirksamer Gesellschaftsvertrag**: Es müssen Willenserklärungen vorliegen, die auf den Abschluss eines Gesellschaftsvertrages gerichtet sind und vom tatsächlichen, wenn auch rechtlich fehlerhaften Willen der Vertragsschließenden getragen sind.
- **In Vollzug gesetzt:** Tätigkeit nach außen aufgenommen bzw. Gesellschaftsvermögen gebildet
- **Kein Entgegenstehen überwiegender Interessen Einzelner** (Minderjähriger ohne die erforderliche Genehmigung) oder der Allgemeinheit (verbotener oder sittenwidriger Zweck)

2. **Rechtsfolgen bei faktischer Gesellschaft**:
   Die Gesellschaft wird für die Vergangenheit wie eine fehlerfreie Gesellschaft behandelt. Der Nichtigkeitsgrund stellt einen Kündigungs- (§ 723 I 2, 3 BGB bei der GbR) bzw. Auflösungsgrund (§ 133 HGB für OHG und KG) dar.
   Der Grund liegt im Bestandsschutz der Gesellschaft und im Verkehrsschutz. Die Rückabwicklung nach den §§ 812 ff. BGB ist in der Regel nicht möglich oder wäre zumindest nicht interessengerecht (BGHZ 55, 5, 8).

   In der Phase der faktischen Gesellschaft sind alle Paragrafen, die eine Gesellschaft voraussetzen, **analog** anzuwenden.

3. **Rechtsstellung des nicht voll Geschäftsfähigen**
   Beteiligen sich Geschäftsunfähige ohne Mitwirkung ihres gesetzlichen Vertreters (Vormunds) an einer Gesellschaft, so ist die Beitrittserklärung bei Geschäftsunfähigkeit nichtig, § 105 I BGB, bei beschränkter Geschäftsfähigkeit schwebend unwirksam, § 108 I BGB.

   Schwebende Unwirksamkeit tritt bei der Beteiligung an einer auf Erwerb gerichteten Gesellschaft auch dann ein, wenn die Beitrittserklärung zwar vom gesetzlichen Vertreter oder mit dessen Einwilligung abgegeben wird, es aber an der erforderlichen Genehmigung des Familiengerichts (§§ 1643 I, 1822 Nr. 3 BGB, § 151 Nr. 1, 4 FamFG) fehlt.

   Die Zustimmung des gesetzlichen Vertreters oder die Genehmigung des Familiengerichts können bei schwebend unwirksamer Beteiligung auch nachträglich erteilt werden; sie heilen den Beitrittsmangel und führen zur rückwirkenden Wirksamkeit des Gesellschaftsvertrags auch im Verhältnis zum fehlerhaft Beigetretenen, § 184 BGB.

   Ist an der Gesellschaft ein **Minderjähriger** beteiligt, kann bereits die Vertragsauslegung ergeben, dass die Gesellschaft unter den anderen Gesellschaftern trotz des Mangels Bestand haben soll (sog. „**fehlerfreie Rumpfgesellschaft**"), ohne dass der Minderjährige Gesellschafter wird (BGHZ 17, 160, 168). Er haftet nicht für die Verbindlichkeiten, erhält aber nach h.M. auch keine Gewinnbeteiligung, da Sinn des Minderjährigenschutzes die Bewahrung des Vermögens des Minderjährigen, nicht aber dessen Mehrung ist (B/Hopt, § 105, Rn. 84).

   Ist die Beitrittserklärung des Geschäftsunfähigen gemäß § 105 BGB nichtig, kann er seine erbrachten Einlagen gemäß §§ 812 ff. BGB kondizieren bzw. nach § 985 BGB herausverlangen. Er nimmt dagegen nicht am Verlust teil; dies folgt aus der Schutzfunktion der Vorschriften über Geschäftsunfähige. Soweit durch die Nutzung der Einlage des Geschäftsunfähigen Gewinne entstanden sind, kann er diese nach §§ 818 I, 987 ff. BGB herausverlangen.

   Geht es um die Beteiligung eines beschränkt Geschäftsfähigen, die zunächst schwebend unwirksam war, § 108 BGB, so kommen die eben dargestellten Grundsätzen erst dann an zur Anwendung, wenn die Genehmigung verweigert wird. Im Unterschied zum nichtigen Beitritt haben es der gesetzliche Vertreter und das Familiengericht hier also während des Schwebezustands in der Hand, die Interessen des Minderjährigen an einer ertragreichen Beteiligung durch rückwirkende Erteilung der Genehmigung zu wahren. Eine Außenhaftung des fehlerhaft beigetretenen Minderjährigen wird erst begründet, nachdem die erforderlichen Genehmigungen erteilt sind.

   In der Phase der faktischen Gesellschaft sind alle Paragrafen, die eine Gesellschaft voraussetzen, analog anzuwenden.

B. Der Gesellschaftsvertrag ist bloß anfechtbar

Wenn der Gesellschaftsvertrag anfechtbar ist ist, sind erneut zwei Unterfälle zu unterscheiden:

- Die Gesellschaft ist nicht in Vollzug gesetzt.
- Die Gesellschaft ist bereits in Vollzug gesetzt.

I. Gesellschaft ist nicht in Vollzug gesetzt

Wird die Anfechtbarkeit des Gesellschaftsvertrages bemerkt, bevor die Gesellschaft in Vollzug gesetzt wurde, also relevante Vermögensverschiebungen stattgefunden haben, greift das normale BGB. Die Anfechtung wirkt gem. § 142 I BGB zurück (ex tunc). Der Gesellschaftsvertrag ist als von Anfang an nichtig anzusehen und u.U. schon erbrachte (kleinere) Leistungen sind gem. § 812 I 1 1. Var. BGB zurück zu gewähren.

II. Gesellschaft ist bereits in Vollzug gesetzt

Das Gesellschaftsrecht stellt in den §§ 730 ff. BGB eigene Regeln zur Auseinandersetzung auf. Diese dürfen durch das Bereicherungsrecht nicht umgangen werden. Deshalb wird das Anfechtungsrecht grds. als Kündigungsgrund (oder als Grund für eine Auflösungsklage gem. § 133 HGB) herangezogen. Die „echte Anfechtung" ist damit aber in diesem Fall ausgeschlossen.

Klausurhinweis:

Sollte z.B. ein Rechtslaie aber dennoch die „Anfechtung" erklären, so ist dies als Kündigung auszulegen, oder in eine Kündigung gem. § 140 BGB umzudeuten.

Das bedeutet, dass der anfechtbare Vertrag nur für die Zukunft (also mit Wirkung ex nunc) aufgelöst werden kann. Für die Vergangenheit bleibt der Vertrag voll wirksam. Deshalb bestand die Gesellschaft in der Vergangenheit auch nicht bloß „faktisch", sondern tatsächlich. Deshalb sollte in diesem Fall von einer **fehlerhaften Gesellschaft** gesprochen werden.

In der Phase der fehlerhaften Gesellschaft sind alle Paragrafen, die eine Gesellschaft voraussetzen, **direkt** anzuwenden.

Beispiel: A, B, C und D sind Gesellschafter der A & Co OHG. Die Gesellschafter vereinbaren im August 2020, dass D zum 31.12.2020 aus der Gesellschaft ausscheidet, und dass die Gesellschaft mit den verbleibenden Gesellschaftern fortgesetzt wird. Am 02.01.2022 ficht D seinen Austritt aus der OHG an. Wie D im Dezember 2021 erfahren hatte, war er durch arglistige Tauschung zum Austritt bewogen worden. D verlangt von der A & Co OHG ein Viertel des im Geschäfts- und Kalenderjahr 2021 erwirtschafteten Gesellschaftsgewinns. Zu Recht?

Lösung: Möglicher Anspruch.: §§ 121 f. HGB i.V.m. Gesellschaftsvertrag
Anfechtung des Austritts: Zwar liegen die Voraussetzungen des § 123 I 1. Var. BGB vor,
aber die Anfechtung entfaltet keine Rückwirkung gem. § 142 I BGB wg. der Grundsätze der fehlerhaften bzw. faktischen Gesellschaft.
Folge: D war (und wird) 2021 kein Gesellschafter, weshalb ihm auch kein Gewinnanteil für 2021 zusteht.
In Betracht kommen aber Schadensersatzansprüche, z.B. gem. § 826 BGB.

<u>Abwandlung</u>: D ist der Gesellschaft zum 01.01.2021 beigetreten. Zum Beitritt war er durch arglistige Tauschung bewogen worden. Am 31.12.2021 ficht er seinen Beitritt an. Kann D von der Gesellschaft Gewinnbeteiligung für das Jahr 2021 verlangen?

<u>Lösung</u>: Egal ob die „Anfechtung" als Kündigung zu verstehen ist, sie hat jedenfalls keine Rückwirkung wegen der Grundsätze zur fehlerhaften bzw. faktischen Gesellschaft.
Folge: D war (und bleibt) 2021 Gesellschafter, weshalb ihm ¼ Gewinnanteil für 2021 gem. § 121 f. HGB i.V.m. Gesellschaftsvertrag zusteht.

Gesetzlichen Niederschlag hat die Lehre von der fehlerhaften (faktischen) Gesellschaft in §§ 75 ff. GmbHG und §§ 275 ff. AktG gefunden.

Merke: **Die Lehre von der fehlerhaften bzw. faktischen Gesellschaft ist kein Fall der Rechtsscheinhaftung.** Vielmehr ist die entsprechende Gesellschaft Träger von Rechten und Pflichten. Folglich kommt es auch nicht darauf an, ob die Gläubiger der Gesellschaft gut- oder bösgläubig sind.

Die Rechtsnatur der Gesamthand

Die „**Gesamthand**“ ist eine Mehrheit von Personen, denen ein Sondervermögen in besonderer Art und Weise (gesamthänderisch) zusteht. Die Beteiligten haben weder einen realen (wirklichen) noch einen ideellen (gedachten) Anteil am einzelnen Vermögensgegenstand des Sondervermögens, sondern nur eine Beteiligung und einen Auseinandersetzungsanspruch hinsichtlich des gesamten Sondervermögens.

Eine Gesamthand ist nur möglich als Personengesellschaft (§§ 705 ff. BGB, 105 ff. HGB), als **Gütergemeinschaft** (§§ 1415 ff. BGB) und als **Erbengemeinschaft** (§§ 2032 ff. BGB). Bei der Gesamthand kann der Gesamthänder über einen Anteil an einem einzelnen Gegenstand, meist auch über einen Anteil am Gesamthandsvermögen (anders bei der Erbengemeinschaft) nicht verfügen, § 719 I BGB. Im Zweifel muss er die Auseinandersetzung betreiben.

	BRUCHTEILSGEMEINSCHAFT	GESAMTHANDSGEMEINSCHAFT
Entstehung	i.d.R. durch Gesetz, vgl. z.B. §§ 947 f., 984 BGB; ausnahmsweise Vertrag, wenn Sache durch mehrere Personen erworben wird (z.B. Anschaffungen in einer WG)	Personengesellschaften stets durch Vertrag Güter- und Erbengemeinschaft durch Gesetz
Gegenstand der Berechtigung	Einzelner Gegenstand; niemals an einem Vermögen	Sondervermögen, welches aber ausnahmsweise nur ein Gegenstand sein kann
Berechtigung	ideeller Anteil am Recht	Gesamthand als solche
Verfügungsbefugnis	§ 747 S. 1 BGB: jeder kann über seinen Anteil verfügen, nicht über Gegenstand als solchen, § 747 S. 2 BGB	§ 719 I BGB: Ein Gesamthänder kann weder über einen Anteil am Vermögen (1. Var.) noch an einzelnen Gegenständen verfügen (2. Var.)

Die Rechtsfähigkeit der Personengesellschaften

A. OHG/KG

Die OHG kann gem. § 124 I HGB unter ihrer Firma Rechte erwerben und Verbindlichkeiten eingehen, Eigentum und andere dingliche Rechte an Grundstücken erwerben, vor Gericht klagen und verklagt werden. Folglich ist sie rechtsfähig.
Gleiches gilt über § 161 II HGB auch für die KG.

Sofern Ansprüche gegen eine OHG bzw. KG geprüft werden, sollten nach der zivilrechtlichen Anspruchsgrundlage die §§ 124 I HGB (KG: 161 II HGB) mitzitiert werden. Also z.B. bei einer Kaufpreisforderung:

Gegen OHG: § 433 II BGB, 124 I HGB

Gegen KG: §§ 433 II BGB, 124 I, 161 II HGB

B. GbR

Bei der GbR fehlt eine Norm, die § 124 I HGB entspricht. Hintergrund ist, dass der historische Gesetzgeber die GbR als nicht rechtsfähig angesehen hat.
Gerade wegen der möglichen „fließenden Übergänge" zwischen einer GbR und einer Ist-OHG wurde dies mehr und mehr als nicht länger hinnehmbar angesehen.

Beispiel: A und B betreiben eine Getränkehandel GbR. Wenn der Geschäftsumfang schrittweise immer weiter ansteigt, wird „irgendwann" eine kaufmännische Einrichtung (vgl. § 1 II HGB) erforderlich. Somit steigt die GbR „irgendwann" auf zur Ist-OHG gem. §§ 105 II, 123 II, 1 HGB. Wann dieser Aufstieg erfolgt, ist nicht genau zu bestimmen. Es gilt insoweit nur die Vermutungsregel des § 1 II HGB. Dies ist so lange egal, wie sich zwischen OHG und GbR bzgl. Haftung und Rechtsfähigkeit keine größeren Unterschiede ergeben. Soweit aber – wie früher – die GbR als gar nicht rechtsfähig angesehen wird, ergeben sich nicht hinnehmbare Rechtsunsicherheiten.

Wenn und weil der formlose Aufstieg von der GbR zur Ist-OHG und der formlose Abstieg von der Ist-OHG zur GbR möglich ist, ist es im Sinne einer „**Haftungskontinuität**" (Sicherheit für die Vertragspartner) geboten, auch die Rechtsfähigkeit der (Außen-)GbR anzuerkennen (grundlegend BGHZ 145, 341). Implizit ist dies inzwischen auch vom Gesetzgeber anerkannt, wie sich z.B. aus § 47 II GBO ergibt. Wenn die GbR als Inhaberin eines dinglichen Rechts im Grundbuch eingetragen werden kann, muss die GbR rechtsfähig sein.

Die (Außen-) Gesellschaft bürgerlichen Rechts besitzt **Rechtsfähigkeit**, soweit sie durch Teilnahme am Rechtsverkehr eigene Rechte und Pflichten begründet. Eine GbR kann jede Rechtsposition einnehmen, soweit nicht spezielle rechtliche Gesichtspunkte entgegenstehen. Auch die Grundbuchfähigkeit der GbR ist inzwischen anerkannt, § 47 II GBO, § 15 I c Grundbuchverfügung, ebenso die Insolvenzfähigkeit, § 11 II Nr. 1 InsO.

Merke: Da die Rechtsfähigkeit der GbR historisch vom Gesetzgeber nicht anerkannt war, gibt es insoweit bis heute keine diesbezüglichen Regelungen im BGB. Deshalb werden bzgl. Rechtsfähigkeit, Haftung etc. im Wesentlichen die **Regelungen der OHG entsprechend auf die GbR angewendet**.

Insoweit macht man im Sinne der Haftungskontinuität aus der Not eine Tugend und wendet – eigentlich ein dogmatisches Tabu (!) – die Regeln der besonderen Gesellschaft (OHG) auf die allgemeine Gesellschaftsform (GbR) analog an.

Sofern Ansprüche gegen eine GbR geprüft werden, sollte nach der zivilrechtlichen Anspruchsgrundlage § 124 I HGB analog mitzitiert werden. Also z.B. bei einer Kaufpreisforderung gegen eine GbR:

z.B. § 433 II BGB, 124 I HGB analog

Vor allem für das 2. Examen:

Mit Anerkennung der Rechtsfähigkeit der (Außen-)Gesellschaft bürgerlichen Rechts scheidet die **Eintragung der Verpfändung eines Gesellschaftsanteils in das Grundbuch** eines im Eigentum der Gesellschaft stehenden Grundstücks aus. Durch die Verpfändung eines Gesellschaftsanteils wird die Stellung des Gesellschafters aber nicht berührt, der Pfandgläubiger rückt nicht in die Rechtsstellung des Gesellschafters ein, so dass eine Eintragung der Verpfändung im Grundbuch nicht zur Verhinderung eines ohne Eintragung möglichen gutgläubigen Erwerbs erforderlich ist. Durch die Verpfändung erhält der Pfandgläubiger nur das Recht, sich aus dem Gesellschaftsanteil durch dessen Verwertung nach den für die Zwangsvollstreckung geltenden Vorschriften (§ 1277 BGB) zu befriedigen. Der verpfändende Gesellschafter bleibt in der Regel in der Ausübung der Mitgliedschaftsrechte und insbesondere auch in der Ausübung des Stimmrechts frei (BGH, V ZR 142/15, **RA-Telegramm 2016, 4**).

Außenverhältnis: Die Vertretung

Aus oben – bei der Rechtsfähigkeit – genannten Gründen, wird hier zunächst das Recht der Handelsgesellschaften dargestellt und dann erst die Rechtslage bei der GbR.

Klausurhinweis:

Unterscheiden Sie strikt die **Geschäftsführungsbefugnis** (§§ 114 – 116 HGB), welche die Befugnis (das „**Dürfen**") im **Innenverhältnis** regelt, von der **Vertretungsmacht**, § 125 HGB, die das „**Können**" im **Außenverhältnis** regelt! Der „Witz" kann in der Klausur sein, dass ein Gesellschafter nach außen wirksam vertreten hat, obwohl er dies nach innen nicht durfte.

Achten Sie aber schon jetzt darauf, dass bei der **GbR** gem. **§ 714 BGB** die Vertretungsmacht „im Zweifel" der Geschäftsführungsbefugnis folgt. Dies kann jedoch im Gesellschaftsvertrag abweichend geregelt werden, womit dann obiger „Witz" auch bei der GbR geprüft werden könnte.

Prüfungspunkt: Eigene Willenserklärung in fremdem Namen **„mit Vertretungsmacht"!**

A. Vertretung in der OHG und KG

Es wird lediglich im Namen der Gesellschaft gehandelt. Der Vertreter der Gesellschaft vertritt nicht auch die anderen Gesellschafter. Mithin wird auch nur die Gesellschaft Vertragspartner.

I. Arten der Vertretung

Gemäß **§ 125 I HGB** besteht mangels abweichender Vereinbarungen im Gesellschaftsvertrag **Einzelvertretungsmacht** jedes persönlich haftenden Gesellschafters.

Klausurhinweis:

Die in **§§ 106 II Nr. 1, 4, 107 HGB** geregelten Eintragungspflichten sind rein deklaratorisch. Sind Abweichungen von § 125 I HGB nicht eingetragen und bekannt gemacht, kommt eine **Anwendung von § 15 HGB** in Betracht, die wieder zu § 125 I HGB zurückführt.

Beispiel: In der A & B OHG haben nach dem Gesellschaftsvertrag nur A und B gemeinschaftlich Vertretungsmacht. Dies ist aber im Handelsregister nicht eingetragen. A schließt alleine einen Vertrag mit V im Namen der OHG. V verlangt die Erfüllung, was B verweigert.

Lösung: Eigentlich ist A gem. § 179 BGB Vertreter ohne Vertretungsmacht. Unter den Voraussetzungen des § 15 I HGB muss sich V aber die Gesamtvertretungsmacht nicht entgegensetzen lassen und kann sich auf den gesetzlichen Regelfall des § 125 I HGB berufen. Folglich kann V von der OHG Erfüllung verlangen.

Im Gesellschaftsvertrag kann gem. **§ 125 II HGB** bestimmt werden, dass alle oder mehrere Gesellschafter nur in Gemeinschaft zur Vertretung der Gesellschaft ermächtigt sein sollen (**Gesamtvertretung**). Die zur Gesamtvertretung berechtigten Gesellschafter können gem. **§ 125 II 2 HGB** einzelne von ihnen zur Vornahme bestimmter Geschäfte oder bestimmter Arten von Geschäften **ermächtigen**. Bei der Ermächtigung handelt es sich nicht um eine Vollmacht, sondern um eine Erweiterung der nach § 125 HGB bestehenden organschaftlichen Vertretungsmacht (BGHZ 64, 72, 76). Das **Zurückweisungsrecht des § 174 BGB** kann deshalb zwar nicht direkt, aber **analog** angewendet werden (BAG, NJW 1981, 2374 f.; Preis/Lukes, JA 2015, 900, 903). Für den Erklärungsempfänger besteht durch die Abweichung von der – eingetragenen – Gesamtvertretung dieselbe Unsicherheit wie bei einer Vollmacht; er weiß nicht sicher, ob der handelnde Gesellschafter zum alleinigen Handeln befugt ist.

Ist der Gesellschaft gegenüber eine Willenserklärung abzugeben (**passive Vertretung**), so genügt die Abgabe gegenüber einem der zur Mitwirkung bei der Vertretung befugten Gesellschafter.
Im Gesellschaftsvertrag kann gem. **§ 125 III HGB** weiterhin bestimmt werden, dass die Gesellschafter, wenn nicht mehrere zusammen handeln, nur in Gemeinschaft mit einem Prokuristen zur Vertretung der Gesellschaft ermächtigt sein sollen (sog. **unechte Gesamtvertretung** bzw. **unechte Gesamtprokura**; Näheres hierzu auch im Skript HGB, „Die Vertretung des Kaufmanns" I. 5.).

Merke: Diese Gestaltung findet ihre Grenze aber im **Grundsatz der Selbstorganschaft**, wonach die Gesellschaft stets ohne die Mitwirkung Dritter handlungsfähig bleiben muss. Neben unechter Gesamtvertretung muss also stets noch ein weiterer Gesellschafter entweder alleinvertretungsberechtigt sein, oder es muss zusätzlich echte Gesamtvertretung der Gesellschafter vereinbart sein. Sollte dennoch dieser Fall eintreten, muss eine **ergänzende Vertragsauslegung** erfolgen und auf diesem Wege (mindestens) eine weitere Vertretungsmöglichkeit der Gesellschaft ermittelt werden. Beachten Sie, dass in diesem (naturgemäß) die durch Auslegung ermittelte Vertretungsoption (noch) nicht eingetragen und bekannt gemacht sein wird. Es kommt deshalb eine Anwendung von **§ 15 I HGB** in Betracht!

II. Umfang der Vertretungsmacht

Die Vertretungsmacht ist unbeschränkt und gegenüber Dritten unbeschränkbar, § 126 I, II HGB.

Die Vertretungsmacht der Gesellschafter umfasst alle gerichtlichen und außergerichtlichen Geschäfte und Rechtshandlungen (§ 126 I HGB), also nicht nur solche, die der Betrieb eines derartigen Handelsgewerbes gewöhnlich mit sich bringt.

Grenzen bilden die allgemeinen Grundsätze des **Missbrauchs der Vertretungsmacht**.

Zu beachte ist der Unterschied zur GbR: Bei dieser richtet sich der Umfang der Vertretungsmacht grundsätzlich nach dem Gesellschaftsvertrag, § 714 BGB. Da bei der GbR folglich das rechtliche Können i.d.R. dem rechtlichen Dürfen entspricht, stellt sich hier auch i.d.R. nicht das Problem des Missbrauchs der Vertretungsmacht.

Eine Ausnahme der Unbeschränkbarkeit enthält § 126 III HGB unter Verweisung auf § 50 III HGB, für den Fall, dass die Gesellschaft mehrere Filialen unter verschieden Firmen betreibt. Die Vertretungsmacht kann dann auch mit Wirkung gegenüber Dritten auf Handlungen im Betrieb einer dieser Niederlassungen beschränkt werden.

Ebenso erstreckt sich die Vertretungsmacht nach §§ 125, 126 HGB nicht auf die Tätigung von Grundlagengeschäften, z.B. die Einstellung des Geschäftsbetriebs oder die Veräußerung der Gesellschaft.

Für Rechtsgeschäfte der Gesellschaft mit einem ihrer Gesellschafter (auch Kommanditisten) gilt zwar § 126 I HGB, nicht aber 126 II HGB! Der Gesellschafter als Vertragspartner ist nämlich nicht schutzwürdig, da ihm der Inhalt des Gesellschaftsvertrags bekannt ist, er also auch die Beschränkung des Umfangs der Vertretungsmacht kennt. Der Umfang der Vertretungsmacht richtet sich ggü. dem Mitgesellschafter also nach dem der Geschäftsführungsmacht.

III. Der Kommanditist bei der KG

Der **Kommanditist** ist von der organschaftlichen Vertretung ebenso ausgeschlossen, § 170 HGB, wie von der Geschäftsführung, § 164 S. 1 HGB. Jedoch kann ihm Prokura oder Handlungsvollmacht erteilt werden.

IV. GmbH & Co. KG

Komplementär der KG ist die GmbH, diese vertritt die KG. Die GmbH wird wiederum vertreten durch ihren Geschäftsführer.

(In dieser „Vertretungsfolge" ist das auch ins **Rubrum** bzw. eine Klageschrift aufzunehmen.)

B. Vertretung in der GbR

Nach **heute ganz h.M.** ist die Sachlage wie bei OHG und KG: Es wird lediglich im Namen der Gesellschaft gehandelt. Der Vertreter der Gesellschaft vertritt nicht auch die anderen Gesellschafter, auch wenn dies der – insoweit veraltete und überholte – § 714 BGB suggeriert. Dadurch wird nur die GbR zum Vertragspartner und die Gesellschafter haften akzessorisch, § 128 HGB analog, für die Verbindlichkeiten der Gesellschaft, sog. **Akzessorietätstheorie**.

Nach der Akzessorietätstheorie haftet der Gesellschafter gem. § 128 HGB analog also auch für **deliktische Verbindlichkeiten** der Gesellschaft.

I. Arten der Vertretung

Die Vertretungsmacht steht nach § 714 BGB (i.V.m. § 709 BGB) mangels abweichender Vereinbarungen den Gesellschaftern als **Gesamtvertreter** zu. Jedoch geht eine Willenserklärung bereits dann der GbR zu (passive Vertretung), wenn sie einem der Gesamtvertreter zugeht (BGH, DB 2012, 109).

In Abweichung vom gesetzlichen Regelfall kann im Gesellschaftsvertrag auch einem (oder allen) Gesellschafter(n) Alleinvertretungsmacht eingeräumt werden.

Ebenso kann z.B. bei einer GbR aus 3 Personen angeordnet werden, dass mindestens zwei Gesellschafter die Gesellschaft vertreten müssen.

II. Umfang der Vertretungsmacht

Der Umfang der Vertretungsmacht wird i.d.R. vom Umfang der Geschäftsführungsbefugnis bestimmt, § 714 BGB.

Die Vertretungsmacht umfasst keine Grundlagengeschäfte (z.B. Änderung des Gesellschaftsvertrags oder des Gesellschaftszwecks). Es können auch Dritte gem. §§ 167 ff. BGB bevollmächtigt werden. Es kann sogar einem Dritten „**Generalvollmacht**" erteilt werden. Jedoch muss immer gewährleistet sein, dass ein Gesellschafter die Gesellschaft vertreten kann (**Prinzip der Selbstorganschaft**).

Im Gesellschaftsvertrag können auch weitere Beschränkungen der Vertretungsmacht (z.B. kein Vertragsschluss über einen bestimmten €-Betrag hinaus, kein Abschluss von Arbeitsverträgen) geregelt werden.

Eine § 126 I, II HGB entsprechende Regelung gibt es im Recht der GbR nicht.

Merke: Ein Vertragspartner, der mit einer GbR einen Vertrag schließt, läuft daher immer Gefahr, mit einem Vertreter ohne Vertretungsmacht zu kontrahieren, wenn er nicht z.B. auf der Unterschrift aller Gesellschafter besteht.

Notwendige (Erhaltungs-)Maßnahmen kann nach h.M. auch ein allein nicht vertretungsbefugter Gesellschafter vornehmen. Dies wird aus **§ 744 II BGB analog** hergeleitet. Damit wird dem Notgeschäftsführer auch eine Notvertretungsmacht eingeräumt. Das Notgeschäftsführungsrecht analog § 744 II BGB erfasst über dessen Wortlaut hinaus nicht nur Maßnahmen zur Erhaltung eines bestimmten Gegenstands des Gesamthandvermögens, sondern greift auch dann ein, wenn der Gesellschaft selbst eine akute Gefahr droht und zu ihrer Abwendung rasches Handeln erforderlich ist. Rasches Handeln ist nicht notwendig, wenn es dem Gesellschafter möglich ist, durch Inanspruchnahme seiner Mitgesellschafter eine Mitwirkung an der Abwendung der Gefahr zu erreichen (BGH, II ZR 205/16, **RA-Telegramm 2018, 72**).

C. Widerspruch gegen Vornahme eines Geschäfts

Ist Einzelgeschäftsführung vereinbart, kann jeder Gesellschafter der Vornahme des Geschäfts widersprechen (**§ 711 BGB; bei OHG und KG gilt § 115 I HGB**). Der **Widerspruch** beschränkt zwar die Geschäftsführungsbefugnis hat aber **keine Auswirkung auf die Vertretungsmacht** (BGH, III ZR 46/06).

Der Eingriff in die Vertretungsmacht eines Gesellschafters bedarf eines Gesellschafterbeschlusses und nicht nur eines Widerspruchs durch einen einzelnen Gesellschafter (vgl. §§ 709, 710).

Außenstehende Dritte müssen sich um Meinungsverschiedenheiten unter den Gesellschaftern nicht kümmern, so dass der Widerspruch auch dann keine Außenwirkung entfaltet, wenn der **Dritte von dem Widerspruch Kenntnis** hatte. Greifen allerdings die allgemeinen Grundsätze vom Missbrauch der Vertretungsmacht ein oder ist der Vertragspartner ein Mitgesellschafter, schlägt der Widerspruch auf das Außenverhältnis durch.

BGB-GESELLSCHAFT	PERSONENHANDELSGESELLSCHAFTEN	
Vertretung	**Vertretung**	**Vertretung**
Gesamtvertretung, Gesellschafter vertreten nach §§ 714, 709 BGB Gesellschaft gemeinschaftlich; nach § 714 BGB kann Einzelvertretung vereinbart werden (i.d. Praxis üblich)	**Grundsatz: Einzelvertretung** durch Gesellschafter nach § 125 I HGB **Ausnahme**: § 125 II echte Gesamtvertretung; § 125 III HGB unechte Gesamtvertretung mit Prokuristen zusammen (Beachte: Prinzip der Selbstorganschaft)	**über § 161 II HGB** gelten Regeln der OHG: **§ 125 HGB** **→ Einzelvertretung** • pers. haftende Gesellschafter (**Komplementäre**) vertreten Gesellschaft • die **Kommanditisten** sind nach **§ 170 HGB** ausgeschlossen

Wissenszurechnung

Gesellschaften können als solche keine Kenntnis besitzen. Kenntnisse der für die Gesellschaft handelnden Personen können aber zugerechnet werden.

- Bedeutung hat diese Frage vor allem bei **arglistigem Handeln**, § 123 BGB, und beim **gutgläubigen Erwerb**, §§ 932, 892 BGB, § 366 HGB.
- Ansonsten ist die Kenntnis bestimmter Umstände von Bedeutung bei §§ 122 II, 138, 142 II, 179, 199, 311a II, 407 I, 442, 444, 626 II, 640 II, 819 I, 990 BGB und § 15 HGB.

Wessen Kenntnisse zuzurechnen sind und was die genaue dogmatische Begründung ist, ist streitig. Hierbei sind **zwei Fälle** zu unterscheiden:

1. Zurechnung von Kenntnissen der Personen, die an dem **konkreten Rechtsgeschäft beteiligt** sind:
   - Bei der Kenntnis von Gesellschaftern ist die Zurechnung im Ergebnis unstreitig. Streitig ist nur, ob die Zurechnung analog § 31 BGB (wohl h.M.) oder analog § 166 BGB erfolgt.
   - Bei anderen Personen erfolgt eine Zurechnung analog § 166 BGB, wenn diese Wissensvertreter (z.B. Vorbereitung eines Vertragsschlusses ohne eigene Vertretungsmacht) sind.
2. Zurechnung von Kenntnissen der Personen, die am konkreten Rechtsgeschäft **nicht beteiligt** sind:

   Vor allem nach dem BGH erfolgt eine Zurechnung, wenn die unterlassene Weitergabe dieses Wissens an den handelnden Gesellschafter eine Verletzung der der Gesellschaft obliegenden Organisationspflicht darstellt. Es kommt darauf an, dass innerhalb einer Organisation im Interesse des Verkehrsschutzes diejenigen Informationen verfügbar sind, die üblicherweise aktenmäßig festgehalten werden. Der maßgebende Grund für die Zurechnung von Wissen ist die Pflicht zur ordnungsgemäßen Organisation der Kommunikation. Die Verantwortung für das einmal erlangte Wissen schließt die Verpflichtung ein, seine Verfügbarkeit zu organisieren. Wird diese Pflicht verletzt, muss sich das Unternehmen grundsätzlich so behandeln lassen, als habe es von der Information Kenntnis.

Merke: Als **vorhanden** anzusehen ist danach das **Wissen**, das bei sachgerechter Organisation dokumentiert und verfügbar ist und zu dessen Nutzung unter Berücksichtigung der geschäftlichen Bedeutung des Vorganges Anlass bestand (BGHZ 132, 30).

In der Klausur kann folglich mit den folgenden Argumentationsmustern operiert werden:

- Organisation, in der Wissen typischerweise bei mehreren Personen aufgespalten ist;
- Pflicht zur aktenmäßigen Informationsspeicherung;
- Pflicht zur Informationsweitergabe;
- tatsächliche Möglichkeit und ein besonderer Anlass, hinsichtlich des betreffenden Umstands nachzufragen.

Da den Personengesellschaften unerlaubte Handlungen der Gesellschafter nach heute h.M. gemäß § 31 BGB zugerechnet werden, liegt es nahe, diese Norm auch für die Wissenszurechnung anzuwenden.

Bei der Kenntnis von anderen Personen erfolgt nach BGH eine Zurechnung nach den gleichen Kriterien.

Haftung in der OHG / KG

A. Haftung der Gesellschaft bei OHG / KG

Nach § 124 I HGB haftet die OHG (KG i.V.m. § 161 II HGB) selbst.

Die Gesellschaft ist selbst Schuldnerin eines gegen sie gerichteten Erfüllungsanspruchs.

Die Gesellschaft ist selbst **Besitzerin**. Sie übt die Sachherrschaft durch die geschäftsführungsbefugten Gesellschafter aus. Anderenfalls wäre z.B. ein Eigentumserwerb der Gesellschaft nicht möglich, weil sonst eine Übergabe an die Gesellschaft gem. § 929 S. 1 BGB nicht möglich wäre.

Anspruch gegen die OHG § 433 II BGB, § 124 HGB

I. **Voraussetzungen**

1. „Die OHG" (vgl. § 124)
   = Es muss eine nach außen **wirksame OHG** bestehen.

2. „kann Verbindlichkeiten eingehen"
   = Es muss ein **wirksamer Vertrag** zwischen dem Geschäftspartner und der OHG bestehen.

II. **Rechtsfolge:** Haftung der OHG mit dem Gesellschaftsvermögen

I. Haftung für Vertragspflichtverletzungen:

Die Verletzung von vertraglichen Pflichten durch geschäftsführungs-/vertretungsberechtigte Gesellschafter kann der Gesellschaft nach h.M. analog § 31 BGB zugerechnet werden. Es geht nicht wie in § 278 BGB um die Zurechnung fremden Verschuldens, sondern um fehlerhaftes Organverhalten. Dieses wird der Vereinigung als eigene schuldhafte Handlung zugerechnet.

Vertragspflichtverletzungen durch andere Personen (der übrigen Gesellschafter sowie sonstiger Mitarbeiter) werden unter den Voraussetzungen des § 278 BGB der Gesellschaft zugerechnet.

II. Haftung für unerlaubte Handlungen

1. Unerlaubte Handlungen von geschäftsführungs-/vertretungsberechtigten Gesellschaftern

Unerlaubte Handlungen von geschäftsführungs-/vertretungsberechtigten Gesellschaftern können der Gesellschaft nach h.M. analog § 31 BGB zugerechnet werden. Dabei müssen die verfassungsmäßig berufenen Vertreter „in Ausführung der ihnen zustehenden Verrichtung" einem Dritten einen Schaden zugefügt haben.
Das Gesetz will mit dieser sprachlich missglückten Formulierung ausdrücken, dass der Organwalter in amtlicher Eigenschaft (und nicht lediglich als Privatperson) tätig geworden sein muss. Amtstätigkeit und Schädigung müssen sachlich (nicht bloß zeitlich oder örtlich) miteinander zusammenhängen. Anderenfalls handelt der Organwalter nicht „in Ausführung", sondern – so heißt es üblicherweise – „bei Gelegenheit" der ihm zustehenden Verrichtung.

Die Organhaftung knüpft nicht an die Vertretungsmacht an, sondern allgemein an die Fähigkeit des Organs, für die Gesellschaft zu handeln.

2. Unerlaubte Handlungen anderer Personen

Unerlaubte Handlungen anderer Personen werden nicht zugerechnet. (§ 278 BGB scheidet als Zurechnungsnorm bei unerlaubten Handlungen aus).

Aufgrund **mangelnder originärer Deliktsfähigkeit der Personengesellschaft** ist zudem eigenes Auswahlverschulden, gem. § 831 BGB, nicht möglich.

Eine Haftung der Personengesellschaft als Geschäftsherrin kann allerdings aus **§ 831 BGB** folgen, wenn ihr ein entsprechendes **Auswahlverschulden** eines geschäftsführenden Gesellschafters **nach § 31 BGB analog zugerechnet** werden kann.
Weiterhin kommt ein **Organisationsverschulden** in Betracht. Eine Gesellschaft darf wichtige Aufgabengebiete nicht durch weisungsabhängige Verrichtungsgehilfen wahrnehmen lassen. Für diese könnte sich die Gesellschaft nämlich gem. § 831 I 2 BGB exkulpieren. Vielmehr muss die Gesellschaft dafür sorgen, dass alle wichtigen Aufgabenkreise von einem verfassungsmäßig berufenen Vertreter gem. § 31 BGB wahrgenommen werden. Anderenfalls (auch wenn wichtige Aufgabengebiete von niemandem wahrgenommen werden) haftet die Gesellschaft gem. § 31 BGB analog.

3. Die zum Schadensersatz verpflichtende Handlung

§ 31 BGB nimmt alle Rechtsgründe in Bezug, aus denen eine Schadensersatzpflicht erwachsen kann. In Betracht kommen deliktische Handlungen, §§ 823 ff. BGB, Handlungen im Sinne der Tatbestände der Gefährdungshaftung, z.B. § 7 StVG, rechtmäßige Handlungen, z.B. §§ 228, 904 BGB, Verletzung der Pflichten aus bestehenden Schuldverhältnissen des Vereins (Verträge u. a.), culpa in contrahendo, § 311 II BGB, aber auch Rechtsgeschäfte, z.B. Anfechtung einer Willenserklärung mit der Folge des § 122 BGB. Es gilt das allgemeine Verständnis der Rechtshandlung. Insbesondere ist das Unterlassen dem aktiven Tun gleichzustellen, wenn eine Rechtspflicht zum Handeln bestand.

4. Der „verfassungsmäßig berufene Vertreter“

Die Rspr. legt den **Begriff des verfassungsmäßig berufenen Vertreters** weit aus. Der nach § 31 BGB haftende besondere Vertreter (**Repräsentant**) muss weder Vertretungsmacht haben noch muss seine Bestellung eine satzungsmäßige Grundlage haben.

Dem Verein soll es nicht freistehen, darüber zu entscheiden, für wen er nach § 31 BGB ohne Entlastungsmöglichkeit haften will (BGH, NJW 1982, 1144, 1145; BAG, NJW 1997, 3261, 3262).

Dadurch wird der Anwendungsbereich des § 831 BGB und des Entlastungsbeweises (§ 831 I 2 BGB) zurückgedrängt.

Verfassungsmäßig berufene Vertreter können auch Personen sein, deren Tätigkeit in der Vereinssatzung nicht vorgesehen ist, die keine rechtsgeschäftliche Vertretungsmacht haben oder deren Aufgabengebiet nicht innerhalb der geschäftsführenden Verwaltungstätigkeit der juristischen Person liegt (BGHZ 49, 19, 21). Die Rspr. hat auch **Prokuristen** und sogar Personen ohne Vertretungsmacht – zum Teil als „Innenorgan“ bezeichnet – als besondere Vertreter angesehen (BGH, VersR 1962, 664; BAG, NJW 1997, 3261).

Ferner verzichtet die Rspr. darauf, dass die Bestellung von besonderen Vertretern eine Grundlage in der Satzung haben muss; sie lässt es ausreichen, wenn gewöhnlich den gesetzlichen Vertretern obliegende Aufgaben den Betreffenden durch „allgemeine Betriebsregelung und Handhabung zur selbstständigen und eigenverantwortlichen Erfüllung zugewiesen wurden“ (BGH, NJW 1977, 2259; BAG, NJW 1997, 3261).

Es genügt, dass dem Vertreter durch die allgemeine Betriebsregelung und Handhabung bedeutsame, wesensmäßige Funktionen der juristischen Person zur selbstständigen, eigenverantwortlichen Erfüllung zugewiesen sind, dass er also die juristische Person auf diese Weise repräsentiert (BGH, NJW 1998, 1854, 1856).

Eine Weisungsgebundenheit im Innenverhältnis schadet nicht, sofern der Vertreter nach außen selbstständig auftritt (BGH NJW 1977, 2260).

Merke: **Die Begriffe besonderer Vertreter i.S.d. § 30 BGB und verfassungsmäßig berufener Vertreter i.S.d. § 31 decken sich weitgehend. Sie entsprechen in etwa dem des leitenden Angestellten** (vgl. § 5 III BetrVG) (**Palandt**/Ellenberger, § 31 Rn 6).

Speziell für eine Sozietät (GbR): BGH, IX ZR 218/05:
„Verfassungsmäßig berufener Vertreter" i.S. des § 31 BGB ist nicht nur der geschäftsführende Gesellschafter, sondern auch ein Nichtgesellschafter, dem durch allgemeine Betriebsregelung und Handhabung bedeutsame, für die Gesellschaft wesensmäßige Funktionen zur selbstständigen, eigenverantwortlichen Erfüllung zugewiesen sind, so dass er die Gesellschaft im Rechtsverkehr repräsentiert. Sogar das unerlaubte Handeln eines bloßen Sachbearbeiters ist der Gesellschaft zuzurechnen, falls jenem eine wichtige Angelegenheit zur eigenverantwortlichen Erledigung übertragen worden ist. Es genügt für die Annahme eines „verfassungsmäßig berufenen Vertreters", dass einzelnen Sozien die selbstständige und eigenverantwortliche Bearbeitung von Mandaten überlassen worden ist. Die Sozien müssen nicht in Angelegenheiten des „Managements" tätig geworden sein, welche die Sozietät als solche betreffen. Die Bearbeitung von Mandaten ist als anwaltstypische Hauptaufgabe eine wichtige Angelegenheit der Sozietät. Es trifft nicht zu, dass der Rechtsanwalt hierbei nur den Mandanten, nicht aber die Sozietät vertritt. Vielmehr tritt der Rechtsanwalt bei der Wahrnehmung des Mandats auch als Repräsentant der Sozietät in Erscheinung. Der Mandant, der eine Sozietät beauftragt, will sich in der Regel die Vorteile zu Nutze machen, die ihm die Gesellschaft im Hinblick auf Organisation, Arbeitsteilung und die Möglichkeit der Beratung der ihr angehörenden Anwälte untereinander bietet.

Merke: Relevant wird die Zurechnung von Handeln/Verschulden z.B. bei §§ 280 ff., 823, 311 II, III, 122 BGB.

B. Haftung der Komplementäre von OHG und KG

I. Allgemeine Regeln

Für die Verbindlichkeit der Gesellschaft haften die Gesellschafter gemäß § 128 HGB persönlich und unmittelbar. Der Gesellschafter kann den Gläubiger also nicht zunächst auf die Gesellschaft verweisen (keine „Einrede der Vorausklage"). Vor allem kann diese Haftung gem. § 128 S. 2 HGB nicht abbedungen werden. **Achtung: § 128 S. 2 HGB gilt nur für Vereinbarungen im Innenverhältnis.** Unzweifelhaft zulässig ist es jedoch, wenn mit dem Gläubiger selbst eine abweichende Vereinbarung getroffen wird. Diesem steht es frei, seine bestehende Sicherheit in Form der Haftung der Gesellschafter zu seinen Lasten zu modifizieren. So kann z.B. eine bloß „quotale Haftung" vereinbart werden, kraft derer jeder Gesellschafter für Verbindlichkeiten der Gesellschaft nur in Höhe seines Anteils am Gesellschaftsvermögen haften soll (BGH, NJW 2011, 2045).

Voraussetzungen der Haftung gem. § 128 HGB:

1. Haftung der Gesellschaft
   a) Bestehen der Gesellschaft
   b) Bestehen einer vertraglichen oder gesetzlichen Verbindlichkeit der Gesellschaft
2. Gesellschafterstellung im Zeitpunkt der Entstehung der Verbindlichkeit.
   Haftung des Gesellschafters ergibt sich dann „automatisch“ aus § 128 HGB
3. Einwendungen/Einreden aus der Rechtsbeziehung zum Gläubiger oder aus § 129 HGB

Für jede Gesellschaftsschuld haftet der Gesellschafter nach h.M. grundsätzlich in gleicher Weise wie die Gesellschaft (**akzessorisch**), d.h. bei Erfüllungsansprüchen schuldet auch der Gesellschafter **Erfüllung** (sog. Erfüllungstheorie; a.A. die Haftungstheorie, wonach bloß mit Geld gehaftet wird). Da es bei der OHG kein in der Aufbringung und Erhaltung rechtlich gesichertes Haftungskapital gibt, ist Sinn und Zweck des § 128 HGB die umfassende persönliche Haftung zum Schutz der Gesellschaftsgläubiger. Diesem Interesse entspricht eine Erfüllungshaftung der Gesellschafter eher als eine bloße Verweisung auf Geldersatz. Wenn die Gesellschafter nur auf das Geldinteresse haften würden, könnten die Gläubiger zunächst nur gegen die OHG vorgehen, soweit sie nicht von vornherein auf Erfüllung verzichten (BGH, NJW 1987, 2367, 2369; vgl. **Palandt**/Sprau, § 714 Rn 11 ff., wo Sie in der Klausur als Referendar recht viel nachlesen können).

Sofern es ohnehin – wie zumeist – nur um eine Geldforderung geht, ist der Streit nur kurz anzudeuten. Z.B.: „Ob der Gesellschafter auf Erfüllung oder bloß auf Geldersatz haftet, kann dahinstehen, da es vorliegend ohnehin nur um eine Geldforderung geht.“

Ausnahmen von der Erfüllungstheorie (in diesem Fall nur Haftung auf **Geldersatz**) bestehen,

- wenn dem Gesellschafter die Erfüllung unmöglich oder unzumutbar ist,
- wenn die Gesellschaftsschuld höchstpersönlichen Charakter hat,
- bei gem. § 888 ZPO unvertretbaren Handlungen (z.B. Abgabe einer Willenserklärung)
- wenn die Auslegung ergibt, dass Erfüllung des Primäranspruchs nur von der Gesellschaft selbst geschuldet wird.

Zusammenfassend haften die persönlich haftenden Gesellschafter also gem. § 128 HGB

1. unmittelbar, d.h. ohne die Gesellschaft vorher in Anspruch zu nehmen;
2. persönlich, d.h. sie haften mit ihrem Privatvermögen;
3. unbeschränkt;
4. unbeschränkbar, d.h. Haftungsbeschränkungen sind Dritten gegenüber unwirksam (§ 128 S. 2 HGB); (Ausn: Haftung ist mit dem Dritten einzelvertraglich beschränkt worden)
5. gesamtschuldnerisch, d.h. jeder Gesellschafter haftet dem Gläubiger für die volle Summe (auf das Ganze) und nicht lediglich in Höhe der Quote seiner Beteiligung;
6. akzessorisch, d.h. jeder Gesellschafter kann alle Einwendungen und Einreden geltend machen, die von der Gesellschaft gegen den Anspruch erhoben werden können (§ 129 HGB);
7. auf Erfüllung (Ausnahmen oben).

Klausurhinweis:

Zum Antrag/Tenor/Ergebnissatz: Im Innenverhältnis haben die vom Gläubiger in Anspruch genommenen Gesellschafter einen Aufwendungsersatzanspruch gegen die Gesellschaft (§ 110 HGB). Damit ist die Haftung im Innenverhältnis nicht mehr gleichstufig. Das „merkt" zwar der Gläubiger nicht, dennoch liegt **keine echte Gesamtschuld** vor. Die Verurteilung von Gesellschaft und Gesellschaftern erfolgt deshalb nicht „als", sondern **„*wie* Gesamtschuldner"**. (**Palandt**/Sprau, § 714 Rn 15)

II. Einwendungen gemäß § 129 HGB

Gegenüber den Gesellschaftsgläubigern kann der Gesellschafter zunächst seine eigenen persönlichen Einreden und Einwendungen geltend machen. Aus der Akzessorietät der Gesellschafterhaftung folgt aber auch, dass er alle Einwendungen (rechtshemmend und rechtsvernichtend) und alle rechtshemmenden Einreden erheben kann, die auch die Gesellschaft selbst erheben könnte (vgl. **Palandt**/Sprau, § 714 Rn 15).

Im Einzelnen regelt § 129 HGB die folgenden Fälle (nachlesen!):

- § 129 I HGB: alle Einwendungen der Gesellschaft

- § 129 II HGB: Anfechtungsmöglichkeit der Gesellschaft

- § 129 III HGB: Aufrechungsmöglichkeit der Gesellschaft (entgegen dem Wortlaut): Aus dem Zusammenhang mit § 129 I und II HGB, die beide auf Rechte der Gesellschaft abstellen, ergibt sich, dass die Aufrechnungsmöglichkeit der Gesellschaft entscheidend ist und nicht die des Gesellschaftsgläubigers (BGHZ 42, 396, 397).

  Beispiel: V hat eine Forderung gegen die K-OHG aus einem Kaufvertrag. Der K-OHG steht ihrerseits eine Forderung gegen V aus unerlaubter Handlung zu. V verlangt vom Gesellschafter K Zahlung.

  Nach dem Wortlaut des § 129 III HGB kann K die Zahlung nicht verweigern, da der Gläubiger V sich wegen des Aufrechnungsverbots des § 393 BGB nicht durch Aufrechnung befriedigen kann. Dass diese Regelung so nicht richtig sein kann, sondern auf einem Redaktionsversehen beruht, ist evident: V würde nämlich von dem eigentlich ihn (!) belastenden Aufrechnungsverbot profitieren, indem nun K die Einrede des § 129 III HGB genommen werden würde. Aus dem Regelungszusammenhang mit § 129 I, II HGB ergibt sich, dass die Aufrechnungsmöglichkeit des Gesellschafters entscheidend ist und nicht diejenige des Gesellschaftsgläubigers. Also steht K das Leistungsverweigerungsrecht aus § 129 III HGB zu.

- Analog § 129 II, III HGB: andere Gestaltungsrechte der Gesellschaft (Rücktritt, Minderung)

Problem: Verjährung

Ein persönlich haftender Gesellschafter, der für eine Gesellschaftsschuld in Anspruch genommen wird, kann (entgegen § 129 HGB!) gem. § 242 BGB nicht einwenden, die Forderung gegen die Gesellschaft sei verjährt, wenn der Gläubiger die Verjährungsfrist gegenüber dem Gesellschafter rechtzeitig unterbrochen hat. Arg.: Es würde es dem Zweck der persönlichen Haftung eines jeden Gesellschafters widersprechen, wenn gerade im Falle der persönlichen Inanspruchnahme des Gesellschafters das Prozessrisiko des Gläubigers dadurch erhöht würde, dass er die Gesellschaft im Klagewege mit in Anspruch nehmen müsste, um einer Verjährungseinrede vorzubeugen (BGH, NJW 1988, 1976). Umgekehrt gilt aber, dass eine (rechtzeitige) Klage gegen die Gesellschaft die Verjährung gegen die Gesellschafter hemmt (BGH, IX ZR 262/18, **RA 2020, 81**). Die für die Gesellschaftsschuld maßgebliche Verjährungsfrist gilt grundsätzlich auch für die akzessorische Haftung des Gesellschafters (BGH, XI ZR 37/09; **Palandt**/Sprau, § 714 Rn 15)

Problem: Verbraucherwiderruf

Sofern eine Personengesellschaft für eine Darlehensverbindlichkeit haftet, ist es aus Gründen des Verbraucherschutzes nicht gerechtfertigt, den akzessorisch haftenden Gesellschaftern, soweit es sich um natürliche Personen handelt, ein Widerrufsrecht einzuräumen oder sie von der Haftung für Gesellschaftsschulden auszunehmen.
Der gesetzliche Verbraucherschutz stets nämlich voraus, dass ein Verbraucher ein Rechtsgeschäft abschließt, und das Widerrufsrecht beim Verbraucherdarlehensvertrag soll den Verbraucher wegen der wirtschaftlichen Bedeutung des Darlehensvertrages vor übereilter Bindung schützen. Die akzessorische Haftung der Gesellschafter ist indes keine Folge des von der Gesellschaft geschlossenen Darlehensvertrages, sondern gesetzliche Folge des Beitritts des Gesellschafters zur Gesellschaft (OLG Brandenburg, 4 U 26/17, **RA 2018, 256**).

III. Rechtskrafterstreckung, § 325 ZPO

Durch die materielle Rechtskraft wird verhindert, dass in einem neuen Prozess über eine bereits rechtskräftig festgestellte Rechtsfolge verhandelt und entschieden wird. Es erscheint selbstverständlich, dass dieses Verbot nur gegenüber den an dem Rechtsstreit beteiligten Parteien ausgesprochen werden kann, weil nur sie durch ihre Mitwirkung am Prozess die Möglichkeit erhalten haben, auf den Inhalt des Urteils Einfluss zu nehmen.
Der Grundsatz, dass die Rechtskraft auf die Parteien zu beschränken ist, muss in einer Reihe von Fällen aus zwingenden Gründen durchbrochen werden. Hier ist der Frage nachzugehen, wie sich Urteile gegen die Gesellschaft auf die Gesellschafter auswirken und umgekehrt.

Ausdrücklich anerkannt ist eine Rechtskrafterstreckung im Verhältnis einer Personengesellschaft zu ihren Mitgliedern in der Richtung, dass ein im Gesellschaftsprozess ergangenes Urteil auch für spätere Prozesse gegen die Einzelgesellschafter bindet, § 129 I HGB (ebenso bei GbR). Das Bestehen oder Nichtbestehen der Forderung im Verhältnis zu der Gesellschaft steht dann mit Bindungswirkung für den Folgeprozess fest.

Fraglich ist, ob sich auch umgekehrt die Gesellschaft gem. § 325 ZPO auf ein im Verhältnis zu einem Gesellschafter ergangenes Urteil berufen kann bzw. sich dieses entgegenhalten lassen muss.

Dies ist nicht der Fall, wenn in dem Vorprozess nicht alle Gesellschafter beteiligt waren, da nicht die vollständige Gesamtheit der Gesellschafter Einfluss auf das Ergebnis des Vorprozesses nehmen konnte.
Aber auch wenn sämtliche Gesellschafter am Vorprozess beteiligt waren, gilt nichts anderes. Die Rechtskraft eines Urteils wirkt grundsätzlich nur für und gegen die Parteien des Rechtsstreits, in dem das Urteil ergangen ist. Einer erneuten Inanspruchnahme der einzelnen Gesellschafter aus ihrer Mithaftung für die Verbindlichkeiten der Gesellschaft steht die Rechtskraft des

klageabweisenden Urteils in dem gegen sie geführten Vorprozess entgegen. Dass das Bestehen der Verbindlichkeit der Gesellschaft im Gesellschafts- und Gesellschafterprozess möglicherweise unterschiedlich beurteilt wird, ist hinzunehmen, wenn in getrennten Prozessen zuerst die Gesellschafter und dann die Gesellschaft verklagt werden.

Beispiel: K verklagt sämtliche Gesellschafter der ABC GbR (oder auch: OHG) persönlich auf Zahlung aus einem Kaufvertrag. Die Klage wird gegen sämtliche Gesellschafter rechtskräftig abgewiesen. K verklagt nunmehr die ABC GbR aus dem gleichen Rechtsgrund heraus. Ist die Klage zulässig? (Nach BGH, II ZR 249/09; vgl. **Palandt**/Sprau, § 714 Rn 24)

Lösung: Die Klage könnte wegen entgegenstehender Rechtskraft unzulässig sein, §§ 322, 325 ZPO. Die Klageabweisung gegen alle Gesellschafter muss nicht zwingend darauf beruhen, dass es keinen Anspruch gegen die Gesellschaft gibt. Es könnte auch sein, dass jedem Gesellschafter eine persönliche Einrede zustand. Da dieser Fall theoretisch möglich ist, hat der BGH im Beispiel eine Rechtskrafterstreckung abgelehnt und die Klage für zulässig erachtet.

Nochmals anders ist die Sachlage**, wenn der Kläger alle Gesellschafter verklagt und gewinnt**: In diesem Fall kann er natürlich in das Privatvermögen der Gesellschafter vollstrecken. Gem. **§ 736 ZPO** ist aber auch die **Vollstreckung in das Gesellschaftsvermögen möglich**, ohne dass ein neuer Titel erstritten werden muss. Nach inzw. wohl h.M. muss jedoch weiterhin eine Verurteilung wegen einer auf das Gesellschaftsvermögen bezogenen Verbindlichkeit (**gesellschaftsbezogene Verbindlichkeit**) vorliegen (OLG Jena, 3 W 258/14; OLG Köln, 2 Wx 306/12; OLG Hamburg, 13 W 5/11; und wohl auch BGH, II ZR 249/09).

Haftung in der BGB-Gesellschaft

A. Haftung der BGB-Gesellschaft

I. Außen-GbR

Nach g.h.M. haftet die Außen-GbR selbst, soweit sie durch die Teilnahme am Rechtsverkehr eigene Rechte und Pflichten begründet und soweit nicht spezielle Gesichtspunkte entgegenstehen.

Anspruchsgrundlage: Zu zitieren ist der schuldrechtliche Anspruch und **§ 124 I HGB analog**. Die Analogie begründet sich aus dem Prinzip der Haftungskontinuität zwischen der OHG und der rechtsfähigen Außen-GbR. Näheres schon im obigen Kapitel: „Die Rechtsfähigkeit der Personengesellschaften“

Werden **vertragliche Pflichten** der Gesellschaft verletzt, so können Handlungen der GbR zugerechnet werden:

- Bei geschäftsführungs-/vertretungsberechtigten Gesellschaftern erfolgt die Handlungszurechnung gem. **§ 31 BGB analog** (a.A.: § 278 BGB). [Die Angleichung der Haftung von OHG und GbR durch die h.M. spricht dafür, auch die Zurechnung bei der GbR nach den für die OHG geltenden Regelungen vorzunehmen.]

- Bei sonstigen Personen erfolgt die Handlungszurechnung nach **§ 278 BGB**.

Unerlaubte Handlungen nach §§ 823 ff. BGB von geschäftsführungs-/vertretungsberechtigten Gesellschaftern können der Gesellschaft **analog § 31 BGB** zugerechnet werden (BGH, NJW 2003, 1445). [§ 278 BGB scheidet im Rahmen der Haftung wegen unerlaubter Handlung als Zurechnungsnorm aus.]

Keine Zurechnung bei unerlaubten Handlungen sonstiger Personen; aber Haftung der GbR nach § 831 i.V.m. § 31 BGB möglich.

Für diese Gesellschaftsverbindlichkeiten haftet die GbR mit ihrem gesamthänderisch gebundenen Sondervermögen. Damit ist eine direkte Vollstreckung in das Gesellschaftsvermögen als Haftungsmasse möglich.
Die vermeintlich entgegenstehende Vorschrift des **§ 736 ZPO**, die zur Zwangsvollstreckung in das Gesellschaftsvermögen ein Urteil gegen alle Gesellschafter verlangt, ist an die inzwischen erfolgte Anerkennung der Rechtsfähigkeit der GbR anzupassen. Folglich ist dem Zweck der Vorschrift bereits durch einen Titel gegen die Gesellschaft Genüge getan (teleologische Reduktion).

II. Innen-GbR

Ist die GbR eine bloße Innengesellschaft, ist mangels Zurechnung zu der Innengesellschaft allein der nach außen auftretende Gesellschafter als Schuldner der Haftung unterworfen. Im Innenverhältnis erlangt er jedoch für erforderliche Aufwendungen einen Ersatzanspruch aus §§ 713, 670 BGB.

B. Haftung der BGB-Gesellschafter

Nach der herrschenden Akzessorietätstheorie haften die Gesellschafter der GbR **analog § 128 HGB** für Verbindlichkeiten der Gesellschaft akzessorisch, persönlich und grds. unbeschränkt.

Klausurhinweis:

Die **Haftung der Gesellschafter** ist immer **3-stufig** zu prüfen:

I. Haftung der Gesellschaft
   1. Bestehen der Gesellschaft
   2. Bestehen einer vertraglichen oder gesetzlichen Verbindlichkeit der Gesellschaft

II. Gesellschafterstellung im Zeitpunkt der Entstehung der Verbindlichkeit.
   Haftung des Gesellschafters ergibt sich dann „automatisch“ aus § 128 HGB analog

III. Einwendungen/Einreden aus der Rechtsbeziehung zum Gläubiger oder aus § 129 HGB analog

Unerlaubte Handlungen geschäftsführungs-/vertretungsberechtigter Gesellschafter können der Gesellschaft **analog § 31 BGB** zugerechnet werden (s.o.). Für diese Verbindlichkeit haften die Gesellschafter nach h.M. **analog § 128 HGB**. Dafür spricht der Schutz des Gläubigers, der sich bei einer gesetzlichen Verbindlichkeit seinen Schuldner nicht aussuchen kann. Die persönliche Haftung ist dem einzelnen Gesellschafter auch zuzumuten, weil er in aller Regel auf Auswahl und Tätigkeit der Organmitglieder entscheidenden Einfluss hat (BGH, NJW 2003, 1445). Schließlich ist auch hier wieder auf die Notwendigkeit der Angleichung der Haftung von OHG und GbR hinzuweisen, weil sich der Übergang von der einen Gesellschaftsform zur anderen gleitend und ohne Publizitätsakt vollziehen kann (vgl. §§ 105 I, 1 HGB; BGH, NJW 2003, 1445, 1447).

Grds. sind die Gesellschafter zur Erfüllung verpflichtet; ausnahmsweise haften sie auf das Wertinteresse, wenn ihnen die Erfüllung unmöglich oder unzumutbar ist.

Die Gesellschafter können Einwendungen analog § 129 HGB geltend machen.

Diskutiert werden Haftungsbeschränkungen bei einer sog. Freiberufler-GbR und einer GbR mit gemeinnützigem Zweck.

C. Verhältnis zwischen Gesellschafterhaftung und Gesellschaftsschuld

Primärer Schuldner der Gesellschaftsverbindlichkeiten ist die rechtsfähige Außen-GbR.
Soweit ein Gesellschafter für die Gesellschaft erforderliche Aufwendungen getätigt hat (indem er z.B. einen Gesellschaftsgläubiger befriedigt hat), kann er gem. §§ 670, 713 BGB (Aufwendungs-)Ersatz verlangen. Ob diese Vorschriften bei nicht geschäftsführenden Gesellschaftern bloß analog anzuwenden sind, kann i.E. dahinstehen.

Gegen die gesamtschuldnerisch haftenden Mitgesellschafter ergibt sich neben dem kraft Gesetzes übergegangenen Anspruch gem. § 426 II 1 BGB ein originärer Ausgleichsanspruch aus § 426 I 1 BGB.

Aus dem – dispositiven – § 707 BGB folgt, dass die Gesellschafter für Aufwendungen nur subsidiär eintreten müssen. Kommt aber eine Befriedigung aus dem Gesellschaftsvermögen nicht in Betracht, kann der Gesellschafter mangels entgegenstehender Bestimmungen im Gesellschaftsvertrag einen der Mitgesellschafter in Anspruch nehmen. Soweit nicht ein anderes bestimmt ist, ist nach § 426 I 1 BGB der Ausgleichsanspruch gegenüber dem einzelnen Gesellschafter nicht in voller Höhe, sondern nur pro rata gegeben.

Folglich sind GbR und Gesellschafter keine Gesamtschuldner, sie haften nur „wie" Gesamtschuldner.

Beispiel: A und B sind zu gleichen Teilen an der A und B GbR beteiligt. A begleicht gegenüber dem Gesellschaftsgläubiger G eine Gesellschaftsverbindlichkeit i.H.v. 1.000 €.
Hier steht A gem. §§ 670, 713 BGB ein Anspruch i.H.v. 1.000 € gegen die GbR selbst zu. Subsidiär hat A gegen B im Innenverhältnis einen Anspruch auf 500 €.

Haftung des Kommanditisten einer KG

A. Nach Eintragung der KG

Nach Eintragung der KG im Handelsregister haftet der Kommanditist nur beschränkt.

Es ist exakt zwischen den Begriffen „**Einlage**" und „**Haftsumme**" zu unterscheiden.

Definition: Die **Haftsumme** ist der Geldbetrag, in dessen Höhe der Kommanditist im **Außenverhältnis** haftet.

Die **Pflichteinlage** (oder Einlagepflicht) ist die vermögenswerte Leistung, zu der sich der Kommanditist gegenüber seinen Mitgesellschaftern – also im **Innenverhältnis** – verpflichtet hat.

Beide Summen können ohne weiteres auseinanderfallen. Die in das Gesellschaftsvermögen eingebrachte Pflichteinlage ist ihrem objektiven Wert entsprechend auf die Haftsumme anzurechnen (BGHZ 95, 188, 196).

Beispiel: Haftsumme 100.000 €, Einlage 60.000 €.

Gem. § 171 I 2. HS HGB führt die erbrachte Einlage zu einer Enthaftung. Folglich haftet der Kommanditist im Beispiel den Gläubigern der KG noch mit 40.000 €.

Ist die Einlage noch nicht erbracht, haftet der Kommanditist gem. § 171 I HGB bis zur Höhe seiner Haftsumme unmittelbar. (Achtung: Auch hier ist der Begriff der „Einlage" in § 171 I HGB irreführend. Gemeint ist nach den obigen Ausführungen die Haftsumme im Außenverhältnis!)

Die Haftung erlischt mit der Erbringung der Einlage (§ 171 I 2. HS HGB). Andere vermögenswerte Leistungen als Geldleistungen werden ihrem objektiven Wert entsprechend angerechnet.

Examenstipp („Klassiker"):

Gesellschafterhaftung für die Drittgläubigerforderung eines Mitgesellschafters

Die Haftung des Kommanditisten gem. § 171 I HGB betrifft grds. nur **Gesellschafts**verbindlichkeiten, also Ansprüche externer Gläubiger. Nicht erfasst sind **Sozial**verbindlichkeiten, d.h. Forderungen auf Grund des Gesellschaftsverhältnisses. Ansonsten droht eine Umgehung von § 707 BGB, demzufolge Gesellschafter keiner Nachschussverpflichtung unterliegen. Forderungen von Gesellschaftern werden daher von der Haftung gem. § 171 I HGB nur erfasst, soweit es sich um sog. **Drittansprüche** handelt. Das ist der Fall, wenn der Abschluss des Geschäfts nicht auf dem Gesellschaftsverhältnis, sondern auf einem anderen Rechtsgrund beruht, so dass der Vertrag auch mit jedem Dritten zustande gekommen wäre (Müller/Großmann, JuS 2020, 535, 538).
Der Gesellschafter einer KG, der eine solche Drittgläubigerforderung gegen einen Mitgesellschafter geltend macht, ist grundsätzlich nicht verpflichtet, zunächst die Gesellschaft in Anspruch zu nehmen. Eine generell nur subsidiäre Haftung der Gesellschafter für Verbindlichkeiten der Gesellschaft aus Drittgeschäften mit anderen Gesellschaftern lässt sich aus der gesellschaftsrechtlichen Treuepflicht nicht ableiten (BGH, II ZR 310/12, JuS 2014, 270).

Insofern gilt der **Grundsatz der faktischen Wertzuführung**. Es kommt also nicht darauf an, welchen Wert die anderen Gesellschafter der eingebrachten Sache oder Dienstleistung beimessen, sondern darauf, welchen Wert die Sache oder Dienstleistung objektiv hat.

Sollte sich z.B. der Wert der eingebrachten Sache (oder z.B. des eingebrachten Grundstücks) im Laufe der Zeit verändern, gilt nur der **Wert im Zeitpunkt der Einräumung des Rechts**. Zeitwertverluste (z.B. durch Gebrauch eines Fahrzeugs) spielen keine Rolle und begründen keine Nachschusspflicht.

Examenstipp („Klassiker"):

Aufrechnung mit Gegenforderungen des Kommanditisten
Fraglich ist, wie der Fall zu lösen ist, dass der (neue) Kommanditist gegen die KG eine eigene Forderung hat und diese nun gegen seine eigene Einlageverpflichtung aufrechnet.
Ist die **KG wirtschaftlich gesund**, steht der Aufrechnung im Nennwert – wenn die sonstigen Voraussetzungen der Aufrechnung vorliegen – nichts entgegen.
Befindet sich die KG hingegen **wirtschaftlich in der Krise**, muss der Grundsatz der faktischen Wertzuführung beachtet werden. Folglich kann die Forderung des Kommanditisten, die dieser gegen die KG hat, nicht zum Nennwert zur Aufrechnung gestellt werden. Die Forderung gegen ein „Krisen-Unternehmen" ist nicht mehr vollwertig. Da der z.B. prozentuale Wert der Forderung i.d.R. nicht festgestellt werden kann, scheidet eine Aufrechnung in diesem Fall gänzlich aus. Die Aufrechnungserklärung des Kommanditisten geht ins Leere und er ist nicht gem. § 171 I 2. HS HGB enthaftet.

Die Gegenforderung kann sich auch aus § 110 HGB nach der Befriedigung eines Gläubigers ergeben (BGH, II ZR 122/16, JuS 2018, 294):

Vor Eröffnung des Insolvenzverfahrens über das Vermögen der Gesellschaft kann der Kommanditist grundsätzlich einen beliebigen Gesellschaftsgläubiger mit der Wirkung befriedigen, dass er in Höhe des Nennwerts der getilgten Forderung von seiner Außenhaftung nach § 171 I HGB im Verhältnis zu den anderen Gläubigern frei wird.

Mit einem Erstattungsanspruch gem. § 110 HGB aus der Befriedigung eines Gesellschaftsgläubigers vor Eröffnung des Insolvenzverfahrens über das Vermögen der Gesellschaft kann der Kommanditist auch nach Eröffnung des Insolvenzverfahrens gegen eine Einlageforderung in Höhe des Nennwerts der getilgten Forderung aufrechnen.

Bei Rückerhalt der Einlage lebt die Haftung wieder auf (§ 172 IV HGB). Rückzahlung ist jede Leistung aus dem Vermögen der KG, für die dem Gesellschaftsvermögen keine gleichwertige Gegenleistung zufließt.

§ 129 HGB gilt (vgl. § 161 II HGB) auch für den Kommanditisten (BGH, II ZR 272/16).

B. Vor Eintragung der KG

Vor Eintragung im Handelsregister haftet der Kommanditist unter den Voraussetzungen des § 176 HGB wie ein persönlich haftender Gesellschafter nach § 128 HGB.
Es handelt sich insoweit um einen gesetzlichen **Rechtsscheinstatbestand**.

Bei **unerlaubten Handlungen** ist § 176 HGB nach h.M. deshalb nicht anwendbar, weil der Hauptzweck des § 176 HGB im Vertrauensschutz des Geschäftspartners besteht. Dieser spielt bei unerlaubten Handlungen regelmäßig keine Rolle (BGHZ 82, 209, 215). M.a.W.: Wer z.B. auf dem Zebrastreifen überfahren wird, konnte vorher kein Vertrauen in die Komplementär-Stellung desjenigen entwickeln, der tatsächlich nur Kommanditist ist.

Voraussetzungen des § 176 I HGB

1. Haftung der Gesellschaft
   a) Bestehen einer KG, die ein Handelsgewerbe betreibt (§ 123 II HGB)
   b) Bestehen einer vertraglichen oder gesetzlichen Verbindlichkeit der Gesellschaft
2. Kommanditistenstellung im Zeitpunkt der Entstehung der Verbindlichkeit
3. Geschäftsbeginn vor Eintragung des Kommanditisten
4. Kommanditist muss dem Geschäftsbeginn zugestimmt haben
5. Beteiligung als Kommanditist dem Gläubiger nicht bekannt
6. Verkehrsgeschäft
7. Einwendungen/Einreden aus der Rechtsbeziehung zum Gläubiger oder aus § 129 HGB

Unter § 176 I HGB fällt nicht der Fall, dass dem Gläubiger die Gesellschafterstellung des Kommanditisten an sich überhaupt nicht bekannt war (BGHZ 82, 209, 212). Dann konnte der Gläubiger nämlich auch nicht davon ausgehen, dass es sich bei dem Kommanditisten um einen Komplementär handelt, womit die Grundlage für das Vertrauen auf den Rechtsschein fehlt.

Voraussetzungen des § 176 II HGB (Eintritt als Kommanditist in bestehende Gesellschaft)

- Ursprünglich bestehende Handelsgesellschaft (OHG oder KG)
- Eintritt als Kommanditist
- KG-Verbindlichkeit aus einem Geschäft in der Zeit zwischen Eintritt und Eintragung (Zustimmung des Kommanditisten zum Geschäft nicht erforderlich!)
- Beteiligung als Kommanditist dem Gläubiger nicht bekannt

C. Haftung in der „Schein-KG“

Hier geht es um Fälle, in denen eine „KG“ gegründet wird, die jedoch ein Kleingewerbe betreibt, deshalb also gar keine „KG“ ist. Wenn diese Gesellschaft nun vor der Eintragung als „KG“ ihre Geschäfte aufnimmt, stellt sich die Frage, wie der „Schein-Kommanditist“ haftet.

Ist die Gesellschaft als KG aufgetreten, in Wahrheit aber eine BGB-Gesellschaft, haftet der „Kommanditist“ nach h.M. als Gesellschafter der BGB-Gesellschaft **un**beschränkt (Clauss/Fleckner, WM 2003, 1790, 1794; Wagner, NJW 2001, 1110, 1111).

Eine Rechtsscheinhaftung kommt nicht in Betracht. Schließlich besteht mit der GbR ja eine Gesellschaft mit einer weitergehenden (!) Haftung als dies bei der behaupteten KG der Fall wäre, wo ja zumindest einer der Gesellschafter – nämlich der Schein-Kommanditist – nicht unbeschränkt persönlich haften würde.

Sollte das faktische Bestehen einer GbR nicht festgestellt werden können, kommt eine Haftung des Schein-Kommanditisten nach § 176 HGB analog in Betracht.

D. Personenidentität von Komplementär und Kommanditist

Nach der Rechtsprechung und der ganz h.L. kann – im Grundsatz – der persönlich haftende Gesellschafter nicht gleichzeitig auch Kommanditist seiner Gesellschaft sein. Denn der Gesellschaftsanteil eines einzelnen Gesellschafters ist notwendig ein einheitlicher, der in der Hand eines Gesellschafters nicht einer Aufspaltung oder einer verschiedenen rechtlichen Gestaltung zugänglich ist (OLG Jena, 6 W 188/11; BGH, BB 1963, 1076 f.; zu etwaigen Ausnahmen MK-HGB-K. Schmidt, § 105 Rn 77).

Der Grundsatz von der Einheitlichkeit des Geschäftsanteils hindert aber nicht, dass der persönlich haftende Gesellschafter mit Zustimmung der übrigen Gesellschafter den Gesellschaftsanteil eines Kommanditisten erwerben kann. In diesem Fall vereinigt sich mit dem Erwerb dieser Anteil mit seinem bisherigen Anteil zu einem einheitlichen Gesellschaftsanteil, da in einer Personalgesellschaft ein Gesellschafter immer nur mit einem Anteil – wenn auch verschiedener Größe – an der Gesellschaft beteiligt sein kann. Dadurch, dass sich der erworbene Kommanditanteil endgültig in einen Komplementäranteil umwandelt, geht er endgültig unter (OLG Jena, 6 W 188/11).

DIE STUFENWEISE ENTSTEHUNG EINER KG

1	2	3	4	5	6	7
Gesellschaftsvertrag	**Geschäftsbeginn**	**Eintragung der Kommanditisteneigenschaft**	**Leistung der Einlage**	**Rückgewährung der Einlage**	**Ausscheiden des Kommanditisten**	**Eintritt eines neuen Kommanditisten**

DIE HAFTUNG DES KOMMANDITISTEN

1	2	3	4	5	6	7
Unbeschränkte persönliche Haftung?						
<u>Vor-KG</u> 1) Haftung als Schein-KG? 2) Sonst Haftung als BGB-Gesellschafter	**§ 176 I, 1** **§§ 161 II, 128, 123 II HGB** Haftung wie ein Komplementär	–	–	–	–	**§ 176 II, § 171 I 1, (§ 161 II)** **§ 128 HGB** **→ Haftung f. Verbndlk. zw. Eintritt und Eintragung**
Auf die Einlage beschränkte Haftung?						
Problem: Wird die Absicht der KG-Gründung als Einschränkung der Vertretungsmacht ausgelegt?	–	**§ 171, 1. Alt. HGB** (beschränkt)	– wegen § 171, 2. Alt. HGB	**§ 171, 1. Alt., § 172 IV HGB** (beschränkt) i.V.m. § 160 HGB	160 HGB, wenn • 172 IV HGB oder • vor Ausscheiden Einlage nicht erbracht	**§§ 173, 171, 172 HGB** **Haftg f. Altverbindlichkeiten**

SCHLUSSFOLGERUNGEN FÜR DEN KOMMANDITISTEN

1. Der Kommanditist muss möglichst schnell **seine Eintragung als Kommanditist** betreiben **oder** aber **keine Zustimmung** zum Geschäftsbeginn geben, um eine **beschränkte Haftung** zu erreichen. Da Letzteres in der Praxis die KG lähmen würde, bietet sich an, den Eintritt in die KG aufschiebend zu bedingen bis die Eintragung im Handelsregister erfolgt ist.
2. Anschließend kann sich der Kommanditist **durch Leistung seiner Einlage** von der **persönlichen** Haftung befreien.
3. Der Kommanditist muss diese Reihenfolge einhalten! Leistet er zuerst die Einlage, ohne als Kommanditist eingetragen zu sein, so haftet er nach wie vor **persönlich** und **unbeschränkt** nach **§ 176 I HGB bzw. § 176 II HGB**.

BGB-GESELLSCHAFT	PERSONENHANDELSGESELLSCHAFTEN	
Haftung	**Haftung**	**Haftung**
• Ob die Gesellschaft haftet ist mittlerweile vom BGH bejaht worden. Nach der (neueren) Rechtsprechung des 2. Zivilsenates des BGH (BGHZ 146, 341f) besitzt die (Außen-) Gesellschaft bürgerlichen Rechts jedenfalls dann Rechtsfähigkeit, soweit sie durch Teilnahme am Rechtsverkehr eigene Rechte und Pflichten begründet. Damit besitzt die BGB-Gesellschaft auch im Prozess Parteifähigkeit, sodass die Klägerin oder Beklagte sein kann. • Gesellschafter haften mit dem **Gesellschaftsvermögen** als **Gesamthandsschuldner** (§ 718 BGB) und mit ihrem **Privatvermögen** als **Gesamtschuldner** (§§ 421 ff. i.V.m. § 427) • Mangels gesetzlicher Regelung haften die Gesellschafter nach der Akzessorietätstheorie gem. § 128 HGB analog für Verbindlichkeiten der Gesellschaft.	• **Die Gesellschaft haftet nach § 124 HGB** • **Gesellschafter** haften nach **§§ 128**, 124 HGB, **persönlich, unmittelbar, primär, unbeschränkt und auf das Ganze.** Werden Gesellschafter in Anspruch genommen, besteht Rückgriffsmöglichkeit nach § 110 HGB gegenüber der Gesellschaft und subsidiär gegenüber Gesellschaftern nach §§ 426 I, 426 II BGB	• Gesellschaft haftet nach §§ 161 II, 124 HGB • Komplementäre haften nach §§ 161 II 128, 124 HGB, unmittelbar, solidarisch und unbeschränkbar (es gelten Ausführungen zur OHG) • **Kommanditisten** haften nach **§ 171 HGB nur in Höhe ihrer Haftsumme**; Ausnahmen hierzu: § 176 HGB (Geschäftsaufnahme vor Eintragung), § 171 I 2. HS HGB (Einlage nicht geleistet), § 172 IV HGB (Einlage zurückgezahlt), § 172 a HGB (kapitalersetzende Darlehen)

Das Innenverhältnis nach den §§ 705 ff. BGB

A. Ansprüche im Innenverhältnis

Im Innenverhältnis sind verschiedene Rechtsbeziehungen, Ansprüche und Verpflichtungen zu unterscheiden:

I. Sozialansprüche

Hierbei handelt es sich um Ansprüche der Gesellschaft gegen die Gesellschafter (z.B.: Anspruch auf Beitragsleistung oder Erfüllung der Geschäftsführungspflicht). Die Sozialansprüche bilden, soweit sie auf vermögenswerte Leistungen gerichtet sind, einen Teil des Gesamthandvermögens.

Sozialansprüche können auch durch einen einzelnen nicht vertretungsbefugten Gesellschafter im eigenen Namen geltend gemacht werden. Dabei muss aber natürlich Leistung an die Gesellschaft verlangt werden, weil nur diese materiell berechtigt ist. Zu dieser Form der Prozessstandschaft (sog. **actio pro socio**) Näheres unten.

II. Sozialverpflichtungen

Ansprüche des Gesellschafters gegen die Gesellschaft (z.B.: Anspruch auf Gewinnauszahlung oder auf Erstattung der Aufwendungen) nennt man Sozialverpflichtungen. Sie müssen gegen die rechtsfähige Außen-GbR ansonsten (im Fall der bloßen Innen-GbR) gegen die übrigen Gesellschafter als Gesamthänder geltend gemacht werden.

Der Begriff „Sozial“ wird hier in ungewöhnlicher Form verwendet. Er steht im vorliegenden Kontext gewissermaßen gleichbedeutend für die Gesellschaft. Insoweit ist ein „Sozial“anspruch also ein „Gesellschafts“anspruch und eine „Sozial“verpflichtung eine der Gesellschaft gegenüber (!) bestehende Verpflichtung.

III. Individualansprüche

Individualansprüche innerhalb der Gesellschaft sind Ansprüche der Gesellschafter untereinander (z.B. Ausgleichsansprüche gem. § 426 BGB).

IV. Drittbeziehungen

Schließlich kann es auch den Fall geben, dass Ansprüche zwischen der Gesellschaft und dem Gesellschafter als Drittem, d.h. nicht in seiner Eigenschaft als Gesellschafter, begründet werden.

Beispiel: Kauf- oder Mietvertrag des Gesellschafters „als Privatperson“ mit der Gesellschaft

V. Durchsetzungssperre in der Liquidation

Ansprüche eines Gesellschafters gegen die Gesellschaft (Sozialverpflichtungen) oder andere Gesellschafter (Individualansprüche) sind in der Liquidationsphase (§§ 723 ff. BGB) gesperrt, § 730 BGB. Sie sind dann nur noch Rechnungsposten innerhalb der Auseinandersetzung.

Der Grund für diesen Rechtssatz liegt darin, dass wechselseitige Zahlungen im Abwicklungsstadium vermieden und die Geltendmachung von Ansprüchen grundsätzlich der Schlussabrechnung vorbehalten werden soll. Vor endgültiger Auseinandersetzung sollen Mitglieder einer Abwicklungsgesellschaft Zahlung nur dann verlangen können, wenn und soweit feststeht, dass ihnen Ansprüche in diesem Umfang mindestens zustehen bzw. dass sie den auf diese Weise erlangten Betrag keinesfalls zurückzahlen müssen.

Zur Klarstellung kann ein Gesellschafter aber eine entsprechende **Feststellungsklage** erheben. Verkennt der Kläger die Durchsetzungssperre, kann eine Zahlungsklage in eine Feststellungsklage umgedeutet werden (BGH, II ZR 3/11), da es sich insoweit um ein „Weniger" handelt (vgl. § 308 I ZPO). Die Durchsetzungssperre greift aber **nicht** bei Ansprüchen, die nicht auf dem gesellschaftlichen Verhältnis beruhen. (**Palandt**/Sprau, § 730 Rn 6 ff.)

B. Rechte und Pflichten aus dem Innenverhältnis

I. Förderungspflicht, insbes. Beitragsleistung

Die Förderungspflicht ist entsprechend dem Dauerschuldcharakter der GbR eine dauernde Verhaltenspflicht; eine bloß einmalige Beitragspflicht begründet im Unterschied hierzu grds. nur ein Austauschverhältnis. Die Förderungspflicht ist Hauptpflicht und muss sich unmittelbar aus dem Gesellschaftsvertrag, nicht erst aus anderen Rechtsverhältnissen, ergeben. Der Inhalt der Förderungspflicht wird durch den gemeinsamen Zweck bestimmt.

Die in **§ 706 BGB** vorausgesetzte Pflicht zur Beitragsleistung ist die zentrale vertragliche Förderungspflicht im Rahmen der Gesellschaft. Beiträge sind vermögenswerte Leistungen, die dem Gesellschaftsvermögen zufließen sollen. Darunter fällt jedes den Gesellschaftszweck fördernde Tun oder Unterlassen, sofern diese Handlung einen Vermögenswert darstellt. Eine Betragserhöhungspflicht besteht nicht, § 707 BGB. Mithin kann sie auch gegen den Willen eines Gesellschafters nicht durchgesetzt werden.

Eine pflichtenlose Gesellschaftsbeteiligung ist mit dem Schuldvertragscharakter der GbR unvereinbar. Schon deshalb bedarf der Beitritt eines **Minderjährigen** zu einer Erwerbsgesellschaft stets der Einwilligung der gesetzlichen Vertreter, § 107 BGB, im Falle des Beitritts zu einer Erwerbsgesellschaft auch der Genehmigung des Familiengerichts, §§ 1822 Nr. 3, 1643 BGB, § 151 Nr. 1, 4 FamFG.

II. Treuepflicht

Die gesellschaftsrechtliche Treupflicht ist ein zentraler Rechtssatz des Personengesellschaftsrechts. Die Treupflicht beschränkt sich in ihrem Anwendungsbereich nicht auf das Verhältnis des Gesellschafters zur Gesellschaft, sondern umfasst entsprechend ihrer Grundlage im Gesellschaftsvertrag auch dasjenige zu den Mitgesellschaftern als Vertragspartnern. Inhaltlich kann die Treupflicht je nach Lage des Falles zu Unterlassungs-, aber auch zu Handlungspflichten der Gesellschafter führen.
Zu denken ist etwa an die folgenden Punkte: Wettbewerbsverbot; Bindung bei der Geschäftsführung; gewisse Stimmrechtsbindung, bei dringend erforderlichen Änderungen des Gesellschaftsvertrages sogar Zustimmungspflicht im Rahmen des Zumutbaren; bei Ansprüchen aus Drittbeziehungen muss nach h.L. zunächst das Gesellschaftsvermögen in Anspruch genommen werden. Wird ein anderer Gesellschafter in Anspruch genommen, muss sich der Gesellschafter-Gläubiger seinen eigenen Verlustanteil abziehen lassen (BGH, NJW 1983, 749).

OHG/KG: Sonderregelung des Wettbewerbsverbots in §§ 112, 113 HGB

III. Geschäftsführung

1. Grundlagen

Als Geschäftsführung ist jede zur Förderung des Gesellschaftszwecks bestimmte, für die Gesamthand wahrgenommene Tätigkeit zu verstehen, mit Ausnahme solcher Maßnahmen, welche die Grundlagen der Gesellschaft betreffen. Darauf, ob es um Handlungen **tatsächlicher oder rechtsgeschäftlicher Natur** geht, ob die Tätigkeit sich auf das **Innenverhältnis** beschränkt oder ob sie **Außenwirkungen** hat, namentlich in der Vertretung der Gesellschaft Dritten gegenüber besteht, kommt es für ihre Zugehörigkeit zur Geschäftsführung nicht an.
Die Geschäftsführung ist Recht und Verpflichtung zugleich.

Es handelt sich um eine Tätigkeitspflicht zur Förderung des gemeinsamen Zwecks und damit um eine **Beitragspflicht** i.S.v. §§ 705, 706 BGB.
Die Geschäftsführung ist **Ausfluss der Gesellschafterstellung** und beruht auch dann, wenn sie einem oder bestimmten Gesellschaftern übertragen ist, § 710 BGB, nicht auf einem Anstellungsverhältnis, sondern unmittelbar auf dem Gesellschaftsvertrag.

Merke: Die §§ 709 – 715 BGB sind bis heute vom Gesetzgeber nicht an die inzwischen anerkannte Rechtsfähigkeit der Außen-GbR angepasst worden. Sie sind damit teilweise überholt und müssen im Sinne der Rechtsfähigkeit der GbR ausgelegt werden. Dies gilt vor allem für § 714 BGB. Dieser ist so zu lesen, dass bei einer Vertretung nach außen die Gesellschaft selbst vertreten und verpflichtet wird.

2. Grundsatz der Selbstorganschaft

Als Ausfluss der Mitgliedschaft ist die Geschäftsführerstellung notwendig den Gesellschaftern vorbehalten. Im Unterschied zu den Kapitalgesellschaften gilt für die GbR ebenso wie für OHG und KG der **Grundsatz der Selbstorganschaft**. Er schließt es zwar nicht aus, dass Dritten im Rahmen eines Anstellungs- oder Auftragsverhältnisses Geschäftsführungsaufgaben übertragen werden. Das kann im Sinne einer „**Generalvollmacht**" auch in sehr weitgehendem Umfang mit der Folge geschehen, dass sämtliche in der GbR anfallenden Aufgaben erfasst werden. Immer bleibt die Befugnis des Dritten jedoch abgeleiteter Natur. Sie steht ihm anders als dem Gesellschafter nicht kraft eigenen Rechts zu und kann ihm daher auch ohne sein Zutun wieder entzogen werden

3. Verhältnis zur Vertretung

Die Vertretung der Gesamthand gegenüber Dritten ist keine qualitativ von der Geschäftsführung zu unterscheidende Tätigkeit, sondern derjenige Teilbereich der Geschäftsführung, der das rechtsgeschäftliche Außenhandeln der Geschäftsführer umfasst.

Merke: **Ein Akt der Vertretung ist immer auch ein Akt der Geschäftsführung. Ein Akt der Geschäftsführung muss aber kein Akt der Vertretung sein.**

Die verbreitet anzutreffende Gegenüberstellung von Geschäftsführung als Handeln im Innenverhältnis und Vertretung als Außenhandeln ist daher unzutreffend (MK-Schäfer, § 709 Rn 9).

Dennoch ist zwischen Geschäftsführungsbefugnis und Vertretungsmacht zu unterscheiden: Die Geschäftsführungsbefugnis bestimmt das „rechtliche Dürfen", die Vertretungsmacht das „rechtliche Können".

Klausurrelevant sind insoweit vor allem Fälle, in denen ein Gesellschafter nach außen eine unbeschränkte Vertretungsmacht hat (Stichwort: „rechtliches Können"), im Innenverhältnis aber Schranken unterworfen ist, die er verletzt (Stichwort: „rechtliches Dürfen"). In diesem Fall muss erkannt werden, dass die Gesellschaft dennoch wirksam vertreten wurde, also vor allem kein Fall des § 179 BGB vorliegt. Häufig werden dann noch zusätzlich z.B. Schadensersatzansprüche im Innenverhältnis geprüft.

4. Verteilung der Geschäftsführungsbefugnis

Im Unterschied zur OHG und KG (lies § 126 II HGB) gilt im Recht der GbR gem. § 714 BGB, dass die Befugnis zur Geschäftsführung „im Zweifel" auch die Vertretungsmacht nach sich zieht. Das hat zur Folge, dass der Klausursachverhalt bei einer GbR häufig nur Angaben zur Geschäftsführung enthalten wird.

Nach § 709 I BGB besteht bei der GbR grundsätzlich **Gesamtgeschäftsführung**, gem. § 714 BGB also auch Gesamtvertretung. Für abweichende Vereinbarungen besteht weitgehende Gestaltungsfreiheit.

Haben mehrere Gesellschafter Einzelgeschäftsführungsbefugnis, hat jeder von ihnen das **Widerspruchsrecht** aus **§ 711 BGB (bei OHG und KG gilt § 115 I HGB)**. Der Widerspruch hat nach h.M. keine Außenwirkung (näher oben bei der Vertretung).

Durch eine **trotz** wirksamen **Widerspruchs** vorgenommene Geschäftsführungshandlung verletzt der Geschäftsführer seine gesellschaftsvertraglichen Pflichten und kann sich, bei Verschulden nach **§ 708 BGB** aus **§ 280 I BGB schadensersatzpflichtig** machen (BGH, NJW-RR 1988, 995, 996). An einem wirksamen und damit beachtlichen Widerspruch fehlt es, wenn eine Notgeschäftsführung (§ 744 II BGB analog) vorliegt oder der Widerspruch pflichtwidrig war (z.B. wenn ein Gesellschafter fortwährend und ohne Angabe eines sachlichen Grundes den Maßnahmen anderer geschäftsführender Gesellschafter widerspricht und hierdurch die Geschäftstätigkeit der Gesellschaft blockiert).

5. Umfang der Geschäftsführungsbefugnis

Im Einzelnen fallen unter die Geschäftsführungsbefugnis

- **tatsächliche Handlungen** für die Gesellschaft, seien sie organisatorischer, betriebsleitender oder ausführender Art (Buchführung und Rechnungslegung, Schriftwechsel, Planung und Gestaltung der Geschäftsabläufe und des Personaleinsatzes),
- **Rechtsgeschäfte** namens der Gesellschaft wie die Einstellung von Personal oder der Abschluss von Verträgen mit Dritten und
- die **Prozessführung** im Interesse der Gesellschaft (auch die Geltendmachung von Sozialansprüchen gegenüber Gesellschaftern).

Nicht zur Geschäftsführung gehören **Grundlagengeschäfte**, welche also die Grundlagen der Gesellschaft, insbesondere deren Struktur und Organisation, betreffen (z.B. Änderung des Gesellschaftszwecks, Wechsel im Gesellschafterbestand, Art, Umfang und Aufteilung der Geschäftsführungsbefugnis). Diese sind der Gestaltung durch die Gesellschafter im Rahmen des Gesellschaftsvertrags vorbehalten.

OHG/KG: Sonderregelung der Geschäftsführung in §§ 114-117 HGB (Näheres unten)

IV. Weitere Mitverwaltungsrechte

Neben dem Geschäftsführungsrecht stellt das Stimmrecht wohl das wichtigste Mitverwaltungsrecht des GbR-Gesellschafters dar. Daneben gibt es noch das Informationsrecht, §§ 713, 666 BGB, und das Recht zur Kontrolle des Geschäftsführers, § 716 BGB.

OHG/KG: §§ 713, 666 BGB; § 118 HGB

V. Beteiligung an Gewinn und Verlust

Die Beteiligung am Gewinn und Verlust wird durch die §§ 721, 722 BGB geregelt.

Die Abgrenzung zwischen einmaliger, § 721 I BGB, und jährlicher, § 721 II BGB, Gewinnverteilung entspricht derjenigen zwischen Gelegenheits- und Dauergesellschaft. **Dauergesellschaften** mit jährlichem Rechnungsabschluss sind namentlich bei Zusammenschlüssen anzunehmen, die Erwerbszwecken dienen, darunter solchen zwischen Freiberuflern, Kleingewerbetreibenden oder Landwirten.
Geht es dagegen um Durchführung sowie Abwicklung eines oder einer begrenzten Anzahl von Einzelgeschäften auf gemeinsame Rechnung (z.B. Spiel- oder Fahrgemeinschaft), so handelt es sich im Zweifel um eine nach § 721 I BGB zu beurteilende **Gelegenheitsgesellschaft**.

§ 722 I BGB schreibt als Maßstab für die Verteilung von Gewinn und Verlust die Aufteilung nach Köpfen vor. Der Gesellschaftsvertrag kann jedoch abweichende Vereinbarungen enthalten.

OHG/KG: §§ 120-122 HGB

VI. Ersatzansprüche bei Tilgung einer Gesamthandsschuld

GbR: Anspruch gegen die **Gesellschaft** aus **§§ 713, 670 BGB**. (Greift § 713 BGB nicht: § 670 BGB oder GoA.)

OHG/KG: **§ 110 HGB** (bei KG i.V.m. § 161 II HGB)
(Aufwendungsersatz, da ggü. d. Gesellschaft freiwilliges Vermögensopfer)

Müller/Großmann, JuS 2020, 535, 540, prüfen noch die folgenden Ansprüche:

2. §§ 161 II, 105 III HGB iVm §§ 713, 670 BGB
   (-) bei OHG und KG, da Aufwendungsersatzanspruch des § 110 HGB lex specialis
3. § 426 I 1 BGB
   (-), denn zwischen Gesellschaft und Gesellschaftern besteht mangels Gleichstufigkeit keine Gesamtschuld iSd § 421 BGB
4. § 426 II iVm §§ 346 I, 437 Nr. 2, 323 I BGB
   (-), da keine Gesamtschuld
5. §§ 677, 683 S. 1, 670 BGB
   (-), da Aufwendungsersatzanspruch des § 110 HGB (bzw. §§ 713, 670 BGB) lex specialis
6. § 812 I 1 Var. 2 BGB (Rückgriffskondiktion)
   (-), wenn und weil der Rückgriff schon mit § 110 I HGB (bzw. §§ 713, 670 BGB) in anderer Weise geregelt ist.

Ansprüche gegen **Mitgesellschafter** aus § 426 I 1 BGB (nicht § 128 I HGB [analog], da § 128 HGB nur im Verhältnis zu Dritten gilt!) Der Anspruch besteht nur in Höhe der jeweiligen Verlustbeteiligung (sog. *Minus-rata-Haftung*). Er ist subsidiär, d.h. nur durchsetzbar, wenn im Gesellschaftsvermögen frei verfügbare Mittel nicht vorhanden sind (streitig).

Hat einer von mehreren Gesellschaftern einer BGB-Gesellschaft **schuldhaft verursacht**, dass die Gesellschaft auf Schadensersatz in Anspruch genommen werden konnte, kann dies im Rahmen des Gesamtschuldner-Innenausgleichs unter Heranziehung des Gedankens des **§ 254 BGB** zu einer **Alleinhaftung** des schuldhaft handelnden Gesellschafters im Verhältnis zu seinen Mitgesellschaftern führen (BGH, 09.06.2008, II ZR 268/07). Der Regress ggü. der Gesellschaft scheitert am gem. §§ 280 I, 241 II BGB gegebenen Gegenanspruch, mit dem die Gesellschaft aufrechnen kann. [Dies dürfte parallel auch bei der OHG/KG gelten.]

Innenverhältnis: Sonderregeln für die OHG und die KG

A. Geschäftsführung

Bei der OHG und KG sind Geschäftsführung und Vertretung strikt zu unterscheiden. Es gibt keine dem § 714 BGB entsprechende Vorschrift.

Soweit im Gesellschaftsvertrag nichts anderes bestimmt ist, gelten die §§ 114-117 HGB: Für **gewöhnliche** Geschäftsführungsaufgaben besteht Alleingeschäftsführung aller persönlich haftenden Gesellschafter, § 116 I HGB. Die Vornahme außergewöhnlicher Geschäftsführungsmaßnahmen müssen alle Gesellschafter (auch die Kommanditisten!) beschließen, § 116 II HGB. Ein **außergewöhnliches** Geschäft liegt vor, wenn es nach Inhalt und Zweck über den Rahmen des Unternehmens der Gesellschaft hinausgeht, d.h. dem Gesellschaftszweck fremd ist, oder wenn es wegen seiner Bedeutung und den mit ihm verbundenen Risiken Ausnahmecharakter hat.
Ein gesetzlich geregelter des außergewöhnlichen Geschäfts ist die **Erteilung von Prokura**. Hierfür müssen gem. § 116 III HGB alle *geschäftsführenden* Gesellschafter zustimmen, aber nicht die Kommanditisten.

Zwar sind die Kommanditisten im Grundsatz von der Geschäftsführung ausgeschlossen, § 164 S. 1 1. HS HGB. Auch dies ist jedoch gem. § 163 HGB dispositiv. Mithin kann einem Kommanditisten die (sogar Allein-)Geschäftsführungsbefugnis eingeräumt werden. Dies verletzt auch nicht den Grundsatz der Selbstorganschaft, da der Kommanditist ja kein Fremdorgan, sondern Gesellschafter ist.

Merke: Das gilt aber nicht für die Vertretungsmacht! Von der organschaftlichen Vertretung ist der Kommanditist gem. § 170 HGB zwingend (vgl. § 163 HGB!) ausgeschlossen. Hierdurch sollen die unbeschränkt persönlich haftenden Komplementäre vor Verpflichtungen geschützt werden, die ein nur beschränkt haftender Gesellschafter begründet (**Grundsatz der Selbstorganschaft**).

Nur im Fall der Liquidation der Gesellschaft wird Gesamtvertretung, §§ 150 I, 161 II HGB, durch alle Gesellschafter, § 146 I HGB, also auch die Kommanditisten, angeordnet. Man spricht insoweit von „geborenen" Liquidatoren.

Auch hier wirkt sich also wieder aus, dass bei der OHG und der KG die Vertretung und die Geschäftsführung nicht parallel laufen.

Bei Überschreitung der Geschäftsführungsbefugnis haftet nach h.M. der Geschäftsführer aus **§ 280 I BGB** i.V.m. dem Gesellschaftsvertrag (Gegenansicht: §§ 677, 678 BGB). Das Merkmal „ohne Auftrag" setzt das Fehlen einer vertraglichen Beziehung zwischen Geschäftsführer und Geschäftsherrn voraus. Die Rechte und Pflichten des Geschäftsführers ergeben sich aber aus dem Gesellschaftsvertrag. Überschreitet ein geschäftsführender Gesellschafter seine Geschäftsführungsbefugnis, liegt eine Pflichtverletzung, aber keine GoA vor (BGH, WM 1988, 968, 970).

B. Gewinn- und Verlustverteilung, Ausgleichsanspruch

Für die **Gewinn- und Verlustverteilung** gelten die §§ 120-122 HGB, soweit im Gesellschaftsvertrag nichts anderes bestimmt ist.

Der **Ausgleichsanspruch** aus § 110 HGB richtet sich gegen die Gesellschaft und setzt voraus, dass der Gesellschafter Aufwendungen gemacht oder Verluste erlitten hat.

Definition: **Aufwendungen** sind alle freiwilligen Vermögensopfer.

Verluste sind die unfreiwilligen Vermögensnachteile.

Verluste sind nach § 110 HGB nur zu ersetzen, wenn sie aufgrund einer tätigkeitsspezifischen Gefahrenlage (im Gegensatz zum allgemeinen Lebensrisiko) eingetreten sind. Das ist der Fall, wenn die Verluste entweder unmittelbar durch die Geschäftsführung entstanden sind, oder aus Gefahren herrühren, die mit ihr untrennbar verbunden sind. Es ist ein unmittelbarer Zusammenhang zwischen den Verlusten und der Geschäftsführung erforderlich.

Ansprüche bei Tilgung einer Gesellschaftsschuld

- Anspruch aus § 110 HGB gegen die Gesellschaft (Aufwendungsersatz)
- Anspruch aus § 426 BGB gegen die Mitgesellschafter

C. Wettbewerbsverbot

Voraussetzungen: Betroffener persönlich haftender Gesellschafter; Geschäftemachen in dem gleichen Handelszweig bzw. Beteiligung als persönlich haftender Gesellschafter an einer gleichartigen Handelsgesellschaft; keine Einwilligung der anderen Gesellschafter

- Das **Wettbewerbsverbot** ist unwirksam, soweit es gegen § 1 GWB verstößt. Die Anwendungsbereiche des § 112 HGB und des § 1 GWB kollidieren. Es ist eine Güter- und Interessenabwägung erforderlich. § 1 GWB ist unanwendbar, soweit die Interessen der Gesellschaft dies erfordern.
- **Konkurrenzverbot** kann nur bei kartellrechtsneutralen Gesellschaften wirksam sein.
- **Wettbewerbsverbot** wirksam bei Gesellschaftern, die in der Gesellschaft tätig sind und Geschäftsführungsaufgaben wahrnehmen.
- Rechtslage streitig bei Gesellschaftern, die von der Geschäftsführung ausgeschlossen sind, aber das Informationsrecht aus § 118 HGB haben. BGH: bei lediglich kapitalistischer Beteiligung ist das Wettbewerbsverbot unwirksam.

Rechtsfolgen: Unterlassungsanspruch; Schadensersatz; Eintrittsrecht (§ 113 HGB)

D. Die actio pro socio

I. Problemeinführung: Zuständigkeitsordnung in der Gesellschaft versagt

Die actio pro socio bezweckt einen Schutz des von der Geschäftsführung ausgeschlossenen Gesellschafters bzw. des Minderheitsgesellschafters, der davor geschützt werden soll, dass die Gesellschaft ihr Vermögen dadurch schädigt, dass sie – etwa auf Druck des Mehrheitsgesellschafters – aus dem Gesellschaftsverhältnis resultierende Ansprüche („Sozialansprüche“) gegen einen (Mehrheits-) Gesellschafter nicht geltend macht.

Bedeutung erlangt die actio pro socio im Regelfall nur bei solchen Gesellschaftern, die aufgrund Gesetzes oder aufgrund des Gesellschaftsvertrages nicht zur (alleinigen) Vertretung der Gesellschaft befugt sind. Denn bei einer bestehenden Vertretungsbefugnis könnte er das Recht der Gesellschaft in deren Namen geltend machen und bedürfte daher der actio pro socio nicht. Eine Geschäftsführungsbefugnis ist nicht erforderlich, weshalb auch der **Kommanditist** berechtigt ist (BGH, II ZR 255/16, **RA 2018, 137** = JuS 2018, 1105).

II. Problemlösung: Prozessstandschaft

Die actio pro socio – die Klage als Gesellschafter – beschreibt die Fähigkeit eines Gesellschafters, für Sozialansprüche der Gesellschaft gegen andere Gesellschafter im Namen der Gesellschaft Prozesse zu führen. Sie ist damit eine Form der gesetzlichen (str.) Prozessstandschaft. Genau genommen handelt es sich damit nicht um eine actio pro socio sondern um eine „actio pro societate“, denn der einzelne Gesellschafter macht ein Recht der Gesellschaft im eigenen Namen als Prozessstandschafter für die Gesellschaft geltend.

Das bedeutet, dass jeder zur Alleinvertretung nicht berechtigte Gesellschafter die der Gesellschaft zustehenden Rechte im eigenen Namen geltend machen und auch einklagen kann, wenn dies durch die vertretungsbefugten Gesellschafter unterbleibt. Denn es ist dem einzelnen Gesellschafter nicht zuzumuten, gegen die vertretungsbefugten Gesellschafter auf pflichtgemäße Geltendmachung der Forderung zu klagen.

Der Prozessstandschafter hat die **Prozessführungsbefugnis**. Die **Klage** ist also **zulässig**.

Die actio pro socio **kann** deshalb zwar von erschwerenden Voraussetzungen abhängig gemacht, nach h.M. aber **nicht vollständig** durch Gesellschaftsvertrag, Vereinbarung oder Mehrheitsbeschluss **ausgeschlossen werden**.

Die gesellschaftsrechtliche Treuepflicht kann dazu führen, dass ein **Rechtsmissbrauch** vorliegt, z.B. wenn und weil die Klage durch einen weiteren Kläger (im Wege der actio pro socio) neben der Klage der Gesellschaft keinen prozessualen Sinn ergibt und bloß die Kosten treibt (BGH, II ZR 143/17, **RA 2019, 361** = JuS 2019, 817). In diesem Fall fehlt die Prozessführungsbefugnis.

In **materieller Hinsicht** bleibt die GbR in jedem Fall selbst Inhaberin des Sozialanspruchs und damit sachlegitimiert; auch die Gesellschafterklage muss deshalb auf Leistung an die Gesellschaft gerichtet sein. Zugleich folgt hieraus, dass die Gesellschaft befugt ist, durch Verzicht, Erlass oder Vergleich über die Forderung zu verfügen (und dadurch die Gesellschafterklage **unbegründet** zu machen). Ergeben sich die Sozialansprüche aber aus dem Gesellschaftsvertrag, ist für einen Verzicht die Änderung des Gesellschaftsvertrages durch entsprechenden Gesellschafterbeschluss erforderlich.

Vertiefung: Ein **Kommanditist einer GmbH & Co. KG** kann nicht Ansprüche der KG gegen den Fremdgeschäftsführer der Komplementär-GmbH geltend machen. Mit dem Schadensersatzanspruch der KG gegen den Geschäftsführer der Komplementär-GmbH wird kein Anspruch gegen einen Mitgesellschafter geltend gemacht, sondern gegen einen Nichtgesellschafter, weshalb eine Prozessführungsbefugnis auch nicht auf eine actio pro socio gestützt werden kann (BGH, II ZR 255/16, **RA 2018, 137** = JuS 2018, 1105).

III. Streitfall: Außenverhältnis und actio pro socio

Examenstipp („Klassiker"):

Im Grundsatz kann die actio pro socio nicht herangezogen werden, um z.B. eine Prozessführungsbefugnis gegen einen Schuldner der Gesellschaft zu begründen. Anderenfalls würden die in der Gesellschaft bestehenden Vertretungsregeln konterkariert.

Dennoch wird die actio pro socio gegenüber einem gesellschaftsfremden Dritten ausnahmsweise als subsidiär zulässig angesehen, wenn der eigentlich in der Gesellschaft Geschäftsführungsbefugt handeln müsste, aber pflichtwidrig nicht handelt. Diese Ausweitung der actio pro socio betrifft damit nur solche Fälle in denen die Gesellschaft die Einziehung und die gerichtliche Geltendmachung der Forderung gegen den Dritten aus gesellschaftswidrigen Gründen verweigert oder wenn der Schuldner der Gesellschaft an dem gesellschaftswidrigen Verhalten beteiligt ist (BGH, VIII ZR 52/20, **RA 2021, 529**).

Ausscheiden und Eintritt von Gesellschaftern

A. Ausscheiden eines Gesellschafters

Voraussetzungen für das Ausscheiden eines Gesellschafters

- **OHG/KG:** § 131 III HGB oder Eintritt eines im Gesellschaftsvertrag benannten Ereignisses
- **GbR:** § 736 BGB oder Eintritt eines im Gesellschaftsvertrag benannten Ereignisses

Die Auswirkungen auf das Gesellschaftsvermögen stellen sich wie folgt dar:
Anwachsung gemäß § 738 I 1 BGB; Gesellschafter hat Ansprüche aus § 738 BGB, insb. **Abfindungsanspruch**. Da der Ausscheidende für das entschädigt werden soll, was den übrigen Gesellschaftern aus seiner Beteiligung verbleibt, ist für die Wertermittlung nicht der Liquidationswert, sondern der Wert der werbend fortgesetzten Gesellschaft maßgebend (BGHZ 17, 130, 136). Vertragliche Abfindungsbeschränkungen, insb. Buchwertklauseln, sind nach § 138 BGB bzw. § 723 III BGB unwirksam, wenn im Zeitpunkt der Vereinbarung ein grobes Missverhältnis zwischen Buchwert und tatsächlichem Wert besteht. Entsteht erst im Laufe der Zeit ein Missverhältnis, ist die Klausel durch ergänzende Auslegung anzupassen. Ansonsten sind vertragliche Abfindungsbeschränkungen aber zulässig, die den Bestand des Unternehmens durch Einschränkung des Kapitalabflusses sichern und die Berechnung des Abfindungsanspruchs vereinfachen wollen.

Beachte: Der Abfindungsanspruch des ausscheidenden Gesellschafters richtet sich nur gegen die Gesellschaft (BGH, II ZR 74/14).
Die durch das Ausscheiden eines Gesellschafters bedingte Auseinandersetzung ist zwischen dem Ausscheidenden und der Gesellschaft vorzunehmen. Für einen hiervon zu trennenden internen Gesellschafterausgleich ist jedenfalls während des Fortbestands der Gesellschaft vorbehaltlich abweichender Vereinbarungen kein Raum.

Etwas anderes folgt nicht daraus, dass die Gesellschaft dem Ausscheidenden dasjenige zu zahlen hat, was er bei der Auseinandersetzung erhalten würde, wenn die Gesellschaft zur Zeit seines Ausscheidens aufgelöst worden wäre (§ 738 I 2 BGB). Die Ausrichtung des Abfindungsanspruchs auf ein fiktives Auseinandersetzungsguthaben bedingt nicht die Übernahme der im Fall der Auseinandersetzung in Betracht zu ziehenden Trennung zwischen der Abwicklung des Gesellschaftsvermögens (§ 730 I BGB) und dem internen Ausgleich unter den Gesellschaftern. Es kommt es beim Ausscheiden eines Gesellschafters nicht zu einer mit der vollständigen Verteilung des Gesellschaftsvermögens verbundenen Vollbeendigung der Gesellschaft.

Das dem ausgeschiedenen Gesellschafter als Abfindung zustehende Auseinandersetzungsguthaben ist zwar auf der Grundlage des anteiligen Unternehmenswerts zu berechnen, die Abrechnung ist aber nicht auf die Erfassung des anteiligen Unternehmenswerts beschränkt. Vielmehr sind, sofern vorhanden, auch sonstige, nicht unternehmenswertbezogene gegenseitige Ansprüche aus dem Gesellschaftsverhältnis in die Berechnung einzustellen; dabei ist auch ein möglicher Anspruch auf Rückerstattung von Einlagen nach § 733 II BGB zu berücksichtigen. Im Übrigen können zu dem Vermögen der Gesellschaft, das der Berechnung des Abfindungsanspruchs zugrunde zu legen ist, auch Ansprüche der Gesellschaft gegen einen Mitgesellschafter auf Rückzahlung unberechtigter Entnahmen gehören.

Die Haftung des ausgeschiedenen Gesellschafters besteht für Altverbindlichkeiten fort. Eine Enthaftung ist nach fünf Jahren möglich (**§ 160 HGB**; ggf. **i.V.m. § 736 II BGB** bei einer GbR).

Eine Haftung besteht nur für Ansprüche, die vor dem Ausscheiden begründet worden sind, sog. **Altverbindlichkeiten**. Ob eine Forderung eine „bis dahin **begründete** Verbindlichkeit" i.S.v. § 160 I 1 HGB darstellt, hängt weder von dem Zeitpunkt ihres Entstehens noch von dem Eintritt ihrer Fälligkeit ab. Altverbindlichkeiten in diesem Sinne sind vielmehr alle Schuldverpflichtungen, deren Rechtsgrundlage bis zum Ausscheiden des Gesellschafters gelegt worden ist, auch wenn die einzelnen Verpflichtungen erst später entstehen und fällig werden (BGH, V ZR 250/19, **RA 2021, 81**). Für **Dauerschuldverhältnisse** (z.B. Mietverträge) bedeutet dies, dass der ausscheidende Gesellschafter noch 5 Jahre für die Mietforderungen aus einem Altmietvertrag haftet. Das gilt auch, wenn sich z.B. der Mietvertrag z.B. durch Verstreichenlassen einer Kündigungsfrist verlängert, da es sich dann um keinen neuen Vertrag handelt. **Bereicherungsansprüche** sind nur dann Altverbindlichkeiten, wenn sie sich als Auswirkung eines vor dem Ausscheiden geschlossenen Vertrags darstellen. (Palandt/*Sprau*, § 736 Rn 16) Bei „**Doppelzahlungen**" ist dies **nicht** der Fall. In einer vertraglich eingegangenen Zahlungsverpflichtung, ist nämlich nicht angelegt, dass die Leistung ein zweites Mal erbracht wird (BGH, II ZR 197/10)

Für Ansprüche, die erst nach Ablauf von fünf Jahren nach der (an sich nur deklaratorischen) **Eintragung des Ausscheidens** fällig werden, besteht keine Haftung. Ob der Gläubiger **Kenntnis** vom Ausscheiden hatte, ist insoweit **egal**. Werden Ansprüche vor Ablauf der Frist fällig, tritt nach fünf Jahren unter den Voraussetzungen des § 160 I HGB Enthaftung ein, wenn z.B. keine gerichtliche Geltendmachung erfolgt ist.

Wird das **Ausscheiden** des Gesellschafters einer OHG **nicht** in das Handelsregister **eingetragen**, beginnt – wie im BGB-Gesellschaftsrecht – der Lauf der fünfjährigen Enthaftungsfrist mit der positiven **Kenntnis** des Gesellschaftsgläubigers **vom Ausscheiden** des Gesellschafters. (**Palandt**/*Sprau*, § 736 Rn 14) Weiterhin ist in diesem Fall an **§ 15 I HGB** zu denken!

Die Fünf-Jahres-Frist ist eine **Ausschlussfrist**, die von Amts wegen zu beachten ist und keine zu erhebende Einrede. (**Palandt**/*Sprau*, § 736 Rn 13 a.E.)

Klausurhinweis (für das 2. Examen):

Als Anwalt des ausscheidenden Gesellschafters in einer **Anwaltsklausur** sollten Sie also „dafür sorgen", dass die Gesellschaft möglichst allen Gläubigern per Rundschreiben von seinem Ausscheiden Mitteilung macht; nicht nur um seine Haftung für Neuverbindlichkeiten als **Scheingesellschafter** auszuschließen, sondern auch um die Fünf-Jahres-Frist für die Nachhaftungsbegrenzung für Altverbindlichkeiten in Gang zu setzen ([§ 736 II BGB i.V.m.] § 160 I HGB).

Wird ein Gesellschafter Kommanditist, so ist für die Begrenzung seiner Haftung für die im Zeitpunkt der Eintragung der Änderung in das Handelsregister begründeten Verbindlichkeiten § 160 I, II HGB **entsprechend** anzuwenden, § 160 III 1 HGB.

Examenstipp:

Einem ausscheidenden Kommanditisten kommt die Haftungsbegrenzung des § 160 HGB über § 161 II HGB erst recht zugute (BGH, II ZR 108/19, **RA 2021, 137**).

Examenstipp:

Im Fall der **Herabsetzung der Haftsumme (§ 174 HGB)** des **Kommanditisten** gelten für Altverbindlichkeiten im Umfang des die neue Haftsumme übersteigenden Betrags § 160 I und 2, § 161 II HGB analog (BGH, II ZR 38/20, **RA 2021, 417**).

Ausscheiden aus zweigliedriger Gesellschaft:

OHG/KG: keine Liquidation (§ 140 I 1 bzw. Sinn u. Zweck des § 131 III HGB); nach Rechtskraft des Ausschlussurteils wird der verbleibende Gesellschafter zum Einzelkaufmann. Da es keine Ein-Mann-Personengesellschaft gibt, ist die Gesellschaft beendet.

GbR: Geschäftsübernahme nur bei Fortsetzungsklausel. Übernahme durch Vereinbarung möglich. (Vertiefungshinweis zur Kündigung eines Gesellschafters bei zweigliedriger Gesellschaft: BGH, 3 U 1462/12; Vertiefungshinweis zum Herausdrängen eines Gesellschafters aus einer GbR: BGH, II ZR 150/12, JA 2014, 870)

Problem: Abspaltungsverbot bei Veräußerung von Gesellschaftsanteilen

- „**Abspaltungsverbot**“: Die Abspaltung einzelner Verwaltungsrechte von einem Gesellschafteranteil in der Weise, dass sie auf einen anderen übertragen werden, ist unwirksam. (Vgl. hierzu BGHZ 10, 354 ff.)
  Grund: Bei der Personengesellschaft darf es grundsätzlich keine in der gesellschaftsrechtlichen Organisation verankerten eigenständigen Entscheidungsbefugnisse ohne das Korrektiv der gesellschafterlichen Bindung gegenüber den Mitgesellschaftern und der persönlichen Haftung gegenüber den Gläubigern geben.

- **§ 717 S. 1 BGB** schließt nicht eine Übertragung der Mitgliedschaft als solche aus, sondern lediglich die Übertragung der Mitverwaltungsrechte aus der Mitgliedschaft.

- **§ 719 BGB** schließt die Übertragbarkeit der Mitgliedschaft aus. Die Vorschrift bezweckt den Schutz der Mitgesellschafter vor der Übertragung der Mitgliedschaft durch einen Gesellschafter an einen Dritten und den damit verbundenen Eingriff in ein bestehendes Vertragsverhältnis, also letztlich Schutz vor einer Änderung des Gesellschaftsvertrags; daraus folgt aber zugleich, dass eine solche Änderung mit Zustimmung der davon betroffenen Vertragspartner zulässig (und § 719 BGB insoweit dispositiv) sein muss, wobei die erforderliche Zustimmung bereits allgemein im Gesellschaftsvertrag erteilt werden kann. (Vgl. auch BGHZ 13, 179, 183 f.)

Problem: Abgrenzung zwischen Stimmrechtsvollmacht und der Stimmrechtsabtretung:

Die Abtretung führt zu einem Wechsel des Rechtsträgers, während die Vollmachtserteilung unter Belassung der vollen Rechtssubstanz beim Vollmachtgeber nur die Befugnis des Bevollmächtigten zur Rechtsausübung im Namen des Vollmachtgebers begründet. Die Abtretung bewirkt den Verlust der Rechtsstellung des bisherigen Rechtsinhabers. Die Bevollmächtigung dagegen belässt das Recht bei dem bisherigen Rechtsträger und schafft nur zusätzlich eine weitere Befugnis in der Person des Bevollmächtigten. Die Stimmrechtsabtretung verletzt insoweit das Abspaltungsverbot.

Problem: Abtretung von Kommanditanteilen

Will ein Kommanditist aus der KG ausscheiden und seinen Anteil an einen Dritten „verkaufen", so muss darauf geachtet werden, dass es zu einer Doppelung der Haftung kommen kann.
Dies ist dann der Fall, wenn sich der Alt-Kommanditist von der KG seine Einlage ausbezahlen lässt und der Neu-Kommanditist sich gegenüber der KG zur Zahlung einer „eigenständigen" Einlage verpflichtet. In diesem Fall haftet der neue Kommanditist nach den allgemeinen Regeln der §§ 171 ff. HGB. Aber auch die Haftung des Alt-Kommanditisten lebt in diesem Fall gem. § 172 IV 1 HGB wieder auf.
Diese Doppelung der Kommanditistenhaftung kann nur vermieden werden, indem der ausscheidende Kommanditist seinen Kommanditanteil an den eintretenden Kommanditisten abtritt und ein sog. „Sonderrechtsnachfolgevermerk" ins Handelsregister eingetragen wird. Der Eintretende zahlt in diesem Fall seinen „Kaufpreis" für die Kommanditeinlage und für die Kommanditistenstellung an sich direkt an den Ausscheidenden. (Zu diesem – im Detail sehr komplexen – Problem B/H-Roth, § 173 Rn 13 m.w.N.)

B. Eintritt in die Gesellschaft

Der Eintritt erfolgt durch Abschluss eines Aufnahmevertrages. Der Eintretende wird automatisch am Gesellschaftsvermögen beteiligt. Bei der OHG/KG haftet der Eintretende gemäß **§ 130 HGB** (Kommanditist: § 173 HGB). Die gem. § 107 HGB verlangte **Eintragung** wirkt rein **deklaratorisch**. Eintretender Gesellschafter einer GbR haftet analog § 130 HGB (h.M.). Dies ist ein zentraler Bestandteil der akzessorischen Haftungsstruktur. Für die Gläubiger, die nicht immer zwischen GbR und OHG unterscheiden können, werden verlässliche Haftungsstrukturen geschaffen.

<u>Examenstipp:</u>

Haftung der Erben eines GbR-Gesellschafters für Altschulden der Gesellschaft
BGH, II ZB 121/12, JuS 2014, 1036
Auch Erben eines Gesellschafters einer GbR haften analog § 130 HGB für Altschulden der Gesellschaft.

Bei der KG haftet ein eintretender **Kommanditist** gem. **§ 173 HGB** nach Maßgabe der §§ 171, 172 HGB auch für alle Altverbindlichkeiten.

Nachfolge bei Tod eines Gesellschafters

A. Rechtslage ohne Nachfolgeregelungen

GbR: Die Gesellschaft wird gem. § 727 I BGB durch den Todesfall aufgelöst. Sie wandelt sich in einer **Liquidationsgesellschaft**. Die Liquidation erfolgt gem. §§ 730 ff. BGB. Gemäß § 730 II 1 BGB gilt die Gesellschaft bis zum Abschluss der Liquidation als fortbestehend. Entgegen dem Wortlaut der Norm handelt es sich nicht lediglich um eine Fiktion. Vielmehr bewahrt die Gesellschaft ihre Identität in personen- und vermögensrechtlicher Hinsicht. Auch ihre Rechtsfähigkeit als Außengesellschaft besteht unverändert fort. Lediglich der Gesellschaftszweck verändert sich, da er nunmehr auf Auseinandersetzung gerichtet ist. Im Verhältnis zu Dritten treten deshalb, abgesehen von den Auswirkungen auf Geschäftsführung und Vertretung, keine Änderungen durch die Auflösung ein (BGH, 1V ZB 201/14, JuS 2016, 274).

Examenstipp für das 2. Examen:

Vollstreckung gegen aufgelöste GbR aus einem auf die Gesellschafter lautenden Titel
BGH, V ZB 201/14, JuS 2016, 274 (lesen!)
Bei der Vollstreckung in das Grundstück einer GbR gelten die (noch) im Grundbuch eingetragenen (bisherigen) Gesellschafter grundsätzlich auch dann in entsprechender Anwendung von §§ 1148 S. 1, 1192 I BGB als Gesellschafter der Schuldnerin, wenn diese durch den Tod eines eingetragenen Gesellschafters aufgelöst worden ist. Einer Rechtsnachfolgeklausel analog § 727 ZPO bedarf es nicht, wenn die in dem Titel aufgeführten Gesellschafter der GbR bei Anordnung der Zwangsversteigerung mit den im Grundbuch eingetragenen Gesellschaftern übereinstimmen.

OHG/KG: Der tote Gesellschafter scheidet gem. § 131 II Nr. 1 HGB aus der Gesellschaft aus. Bei der Zwei-Personen-Gesellschaft wird der verbleibende zum Einzelkaufmann.

Fortsetzung ohne Nachfolge: Gibt es eine Fortsetzung der Gesellschaft ohne Nachfolge (z.B. eines Erben), so wächst den verbleibenden Gesellschaftern der Gesellschaftsanteil des verstorbenen Gesellschafters anteilig zu, § 738 I 1 BGB. Die Erben erlangen einen schuldrechtlichen Abfindungsanspruch gem. § 738 I 2 BGB.

B. Nachfolgeregelungen im Gesellschaftsvertrag

Bei der GbR hat der Tod eines Gesellschafters grundsätzlich die Auflösung der Gesellschaft zur Folge.

I. Fortsetzungsklausel

Bei einer reinen **Fortsetzungsklausel** wird die Gesellschaft unter den verbliebenen Gesellschaftern fortgesetzt. Bei der OHG und der KG ergibt sich diese Rechtsfolge schon aus dem Gesetz (§ 131 III 1 Nr. 1 HGB). Die Fortsetzungsklausel im Gesellschaftsvertrag ist mithin entbehrlich bzw. überflüssig.

II. Nachfolgeklausel

Die **Nachfolgeklausel** beinhaltet, dass bei Tod eines Gesellschafters dessen Erbe oder eine andere Person automatisch Gesellschafter wird.

1. Erbrechtliche Nachfolgeklausel

Bei der **erbrechtlichen Nachfolgeklausel** treten anstelle des Verstorbenen dessen Erben.

Definition: Sind mehrere Erben vorhanden und sollen auch mehrere Erben Nachfolger werden, liegt eine **einfache erbrechtliche Nachfolgeklausel** vor.

Es kommt zu einer Kollision zwischen Erbrecht und Gesellschaftsrecht, da eine Miterbengemeinschaft i.S.d. §§ 2032 ff. BGB nicht Mitglied einer Gesellschaft sein kann. So ist z.B. die beschränkte Erbenhaftung nach § 2059 BGB mit § 128 HGB bzw. § 421 BGB unvereinbar. Gleiches gilt für die Veräußerlichkeit der Anteile (§ 2033 BGB) und das Auseinandersetzungsrecht (§§ 2042 ff. BGB). Nach h.M. ist zur Lösung dieses Konflikts das Gesellschaftsrecht vorrangig: Der Gesellschaftsanteil geht im Wege der ***Sondernachfolge*** unmittelbar auf die Erben über. Die Rechtslage ist so anzusehen, als hätten sich die Erben über den Gesellschaftsanteil ihres gemeinsamen Erblassers bereits auseinandergesetzt (BGHZ 22, 186, 192; Baumbach/Hopt, § 139, Rn. 14).

Definition: Bei einer **qualifizierten erbrechtlichen Nachfolgeklausel** soll von mehreren Erben nur ein als Nachfolger vorgesehener Erbe Gesellschafter werden.

Nach h.M. geht dann der Gesellschaftsanteil unmittelbar in vollem Umfang auf den Nachfolger über.

2. Rechtsgeschäftliche Nachfolgeklausel

Definition: Bei einer **rechtsgeschäftlichen Nachfolgeklausel** soll bei Tod eines Gesellschafters dessen Mitgliedschaft kraft der Vereinbarung im Gesellschaftsvertrag auf die benannte Person übergehen, ohne dass diese Erbe zu sein braucht.

Eine rechtsgeschäftliche Nachfolgeklausel ist nur zugunsten eines Gesellschafters wirksam. Ansonsten handelt es sich um einen unzulässigen Vertrag zulasten Dritter. Außerdem ist eine Verfügung zugunsten eines Dritten nicht mit dem Wortlaut des § 328 BGB zu vereinbaren (BGHZ 68, 225, 231 ff.).

III. Eintrittsklausel

Definition: Mit einer **Eintrittsklausel** wird die Nachfolge in der Gesellschaft unmittelbar durch den Gesellschaftsvertrag geregelt, und zwar, indem dem Begünstigten ein Recht auf Beitritt zur Gesellschaft eingeräumt wird.

Ist eine **Eintrittsklausel** vereinbart, so tritt der Nachfolger nicht automatisch an die Stelle des verstorbenen Gesellschafters. Er hat vielmehr lediglich das Recht, in die Gesellschaft einzutreten; der Eintritt hängt vom Willen des Begünstigten ab.

C. Rechte des Erben eines Komplementärs aus § 139 HGB

Nach § 139 I HGB kann der Erbe eines persönlich haftenden Gesellschafters einer Personenhandelsgesellschaft sein Verbleiben in der Gesellschaft davon abhängig machen, dass ihm die Stellung eines Kommanditisten eingeräumt wird.
Der Kommanditist bedarf dieses Schutzes nicht, da er sowieso nur beschränkt haftet.

Scheingesellschaft/Scheingesellschafter (v.a. Sozietäten)

A. Grundlagen

Mit Anerkennung der Rechtsfähigkeit der Gesellschaft bürgerlichen Rechts kommt der Anwaltsvertrag regelmäßig mit der Sozietät als solcher zu Stande (Karsten Schmidt, NJW 2005, 2801, 2805; Lux, NJW 2008, 2309, 2311). Die Rechtslage gleicht damit derjenigen bei der Partnerschaftsgesellschaft oder der GmbH (Für die Freiberufler-GmbH: BGHZ 124, 224, 226; BayObLG, NJW 1995, 199; für die Partnerschaftsgesellschaft: Michalski/Römermann, PartGG, § 7 Rn 15; Henssler, PartGG, § 7 Rn 22).

Als Vertragspartnerin haftet danach zunächst die Sozietät - sei es für die Erfüllung des Anwaltsvertrags, sei es für Schadensersatzansprüche im Falle einer Pflichtverletzung. Analog §§ 128 ff. HGB können die Gesellschafter in Anspruch genommen werden.

Auch auf der Grundlage der neueren Rechtsprechung zur Rechtsfähigkeit der GbR kann der Anwaltsvertrag freilich ausnahmsweise auch mit nur einem einzelnen Sozietätsanwalt zu Stande kommen. Maßgeblich ist insoweit die Auslegung der beiderseitigen Willenserklärungen: (Gesamt-) Mandat der Sozietät oder lediglich Einzelmandat? Der Mandant will sich regelmäßig gerade die Vorteile zu Nutze machen, die ihm eine Sozietät bietet (BGHZ 124, 47, 48 ff.; 56, 355, 359 f.).

Nach den (besonderen) Umständen des Einzelfalls konnte freilich auch anzunehmen sein, dass gerade kein Gesamtmandat, sondern lediglich ein Einzelmandat an ein bestimmtes Mitglied der Sozietät erteilt werden sollte (BGH, NJW 2000, 1560, 1561 (Steuerberater); NJW 2000, 1333, 1334). Dies war indes nicht bereits dann anzunehmen, wenn der Mandant wusste oder sogar Wert darauf legte, dass nur ein bestimmtes Mitglied der Sozietät seine Sache bearbeitete. Denn auch in diesem Fall wollte der Mandant in der Regel die Vorteile eines Vertrags mit allen Sozietätsanwälten nutzen (BGH, NJW 1999, 3040, 3041; BGHZ 124, 47, 50). Nach der Rechtsprechung des BGH lag die Annahme eines Einzelmandats an einen Sozietätsanwalt jedoch dann nahe, wenn dieser mit einer Tätigkeit betraut wurde, die an sich außerhalb der eigentlichen Aufgaben eines Rechtsanwalts lag, sich also gerade nicht als anwaltstypische Tätigkeit darstellte (BGH, NJW 2000, 1333, 1334; 1999, 3040, 3041).

B. Scheinsozietät und Scheinsozius: Haftungsfragen

Die vorstehenden Grundsätze für die Haftung eines einer Anwaltssozietät angehörenden Rechtsanwalts waren nach der Rechtsprechung seit jeher auch dann anzuwenden, wenn die Anwälte nur nach außen hin den Anschein erweckt haben, zwischen ihnen bestehe eine Sozietät (grdl. BGHZ 70, 247, 249). Eine Anscheinssozietät lag dabei vor, wenn angestellte Rechtsanwälte oder freie Mitarbeiter auf dem Briefkopf, dem Praxisschild oder Bürostempel wie Sozietätsmitglieder aufgeführt waren (BGH, NJW 1999, 3040, 3041). Das Gleiche galt, wenn ein früheres Mitglied aus der Sozietät ausgeschieden war, den ehemaligen Sozien aber gestattet hatte, seinen Namen weiterhin im Briefkopf zu führen, oder es jedenfalls versäumt hatte, sein Ausscheiden nach außen deutlich zu machen (BGH, NJW 1991, 1225, 1225). Auch Rechtsanwälte, die in bloßer Bürogemeinschaft arbeiteten, konnten einer Rechtsscheinhaftung unterliegen (BGH, NJW 1991, 1225, 1225). Jegliche Rechtsscheinhaftung war jedoch ausgeschlossen, wenn der Mandant wusste, dass der in Anspruch genommene Rechtsanwalt nicht (mehr) Mitglied der Sozietät war (BGH, NJW 1991, 1225, 1226).

An den vorgenannten Grundsätzen hat sich durch die neuere Rechtsprechung zur Haftungsverfassung der GbR im Ergebnis nichts geändert: Nicht mehr haltbar ist zwar die Annahme, der Anwaltsvertrag komme mit allen Sozien einschließlich der Scheinsozien zu Stande. Denn wie bereits dargelegt, kommt der Anwaltsvertrag mit der Sozietät als solcher zu Stande. Relevant wird die Rechtsscheinhaftung jedoch im Rahmen der Frage, wer für die Verbindlichkeiten der Sozietät haftet.

Der Scheinsozius erweckt insoweit schlicht den Eindruck, Gesellschafter zu sein - und muss sich an diesem von ihm gesetzten Rechtsschein festhalten lassen (Lux, NJW 2008, 2309, 2311; Schäfer, DStR 2003, 1078, 1081; Peres/Depping, DStR 2006, 2261). Der Haftung analog §§ 128 ff. HGB unterliegen nämlich nicht nur die aktuellen Gesellschafter, vielmehr nach Rechtsscheingrundsätzen auch Scheingesellschafter oder Mitarbeiter einer Scheinsozietät (Lux, NJW 2008, 2309, 2311; Schäfer, DStR 2003, 1078, 1078; Lepczyk, NJW 2006, 3391, 3392).

Der BGH beschränkt jedoch die Haftung eines Mitglieds einer Scheinsozietät. Diese setze ein Mandatsverhältnis und damit eine **anwaltstypische Tätigkeit** voraus. Eine anwaltstypische Tätigkeit liege jedoch dann nicht vor, wenn keine rechtsberatende oder rechtsvertretende Tätigkeit damit verbunden sei (BGH, NJW 2008, 2330).

A.A. ein Teil der Lehre (z.B. Grunewald, NJW 2008, 3621, 3622 und Lux, NJW 2008, 2309, 2312): Eine Beschränkung der Rechtsscheinhaftung auf anwaltstypische Tätigkeiten entbehre einer tragfähigen Grundlage. Die Frage, ob sich die jeweilige Tätigkeit als anwaltstypisch oder als anwaltsfremd darstellt, sei allein für die Frage entscheidend, ob ein Anwaltsvertrag mit der Sozietät als solcher zu Stande kommt oder lediglich mit einem der Sozietätsanwälte allein. Stehe fest, dass der streitgegenständliche Vertrag - sei es ein Anwalts- oder ein sonstiger Vertrag - mit der Anwaltssozietät zu Stande gekommen ist, sei für die Haftung des Scheinsozius allein entscheidend, ob dieser den Eindruck erweckt habe, er sei Gesellschafter der Anwaltssozietät. In diesem Fall müsse er sich schlicht an dem von ihm gesetzten Rechtsschein festhalten lassen - und sich als Gesellschafter der Anwaltssozietät behandeln lassen - mit der Folge einer Haftung analog §§ 128 ff. HGB.

Das OLG Saarbrücken beschränkt die Haftung eines Scheinsozius und lehnt eine Haftung für Altverbindlichkeiten gem. **§ 130 HGB analog** ab, weil der Scheinsozius im Unterschied zum tatsächlichen Gesellschafter keine Zugriffsmöglichkeiten auf das Gesellschaftsvermögen habe.
A.A. ein Teil der Lehre (z.B. Lepczyk, NJW 2006, 3391, 3392): Rechtsinstitute wie die Scheingesellschaft oder der Scheingesellschafter dienten dem Vertrauensschutz im Rechtsverkehr. Voraussetzung hierfür sei, dass gegenüber gutgläubigen Dritten der äußere Anschein einer real existierenden GbR bzw. einer tatsächlich bestehenden Gesellschafterstellung erweckt werde. Der Gedanke des Vertrauensschutzes müsse bei der Haftung des Scheingesellschafters in den Vordergrund gerückt werden. Daher sei kein Platz für eine Abwägung von Chancen und Risiken des Scheingesellschafters.

Der **Gesellschafter, der aus einer bestehenden Gesellschaft ausgeschieden ist, aber weiterhin als Gesellschafter nach außen auftritt**, kann als Scheingesellschafter für Verbindlichkeiten der Gesellschaft haften. Voraussetzung ist, dass er gegen den gesetzten Rechtsschein nicht pflichtgemäß vorgegangen ist und sich ein Dritter bei seinem geschäftlichen Verhalten auf den Rechtsschein verlassen hat (BGH, II ZR 197/10).

Stets ist das Folgende zu beachten:

Merke: Die „**Scheingesellschaft**“ existiert nicht. Folglich kommt sie auch nicht als Anspruchsgegner in Betracht. Die „Scheingesellschaft“ ist also nur eine Zurechnungsfigur, um die Haftung der Scheingesellschafter zu begründen.

Unternehmensbezogenes Geschäft

Wer nach außen im Namen einer Gesellschaft als deren Vertreter auftritt, vertritt diejenige Gesellschaftsform, die „tatsächlich" besteht.

Beispiel 1: V tritt nach außen für die X-GmbH auf, wobei es sich tatsächlich um die X-AG handelt.

In diesem Fall kommt der Vertrag mit der X-AG zustande.

Beispiel 2: V tritt nach außen für die AB-KG auf, wobei es sich tatsächlich um die AB-OHG handelt.

In Beispiel 2 kommt der Vertrag mit der AB-OHG zustande.

Sofern die genannte Gesellschaft dem Vertragspartner eine „stärkere Haftung" bietet als die tatsächlich existierende Gesellschaft, kommt insoweit eine **Rechtsscheinshaftung** gem. § 179 BGB analog in Betracht.

Beispiel 3: Geschäftsführer V tritt nach außen für die AB-KG auf, wobei es sich tatsächlich um die AB-GmbH handelt. Hier setzt V den Rechtsschein existierender persönlicher Haftung. Durch sein Auftreten nach außen erweckt V den Anschein, der Komplementär der KG zu sein. An diesem Rechtsschein kann er festgehalten werden.

Beispiel 4: V tritt nach außen für die V-GmbH auf, wobei es sich tatsächlich um eine UG (haftungsbeschränkt) handelt. V setzt dadurch den Rechtsschein, es werde mit einer Gesellschaft mit einem Mindeststammkapital von 25.000 € (§ 5 I GmbHG) kontrahiert. In diesem Fall haftet der V nicht nach den Regeln der Unterbilanzhaftung (was bedeuten würde, dass er die UG im Innenverhältnis mit 25.000 € kapitalisiert), sondern dem auf den Rechtsschein vertrauenden Vertragspartner persönlich. (BGH, II ZR 256/11, JK 12/12, BGB § 179/6)

Die GmbH & Co. KG

A. Grundlagen

Die GmbH & Co. KG ist eine besondere Erscheinungsform der KG, deren persönlich haftende Gesellschafterin (Komplementär) keine natürliche Person, sondern eine GmbH (juristische Person) ist. Demnach ist die GmbH & Co. KG eine **Personengesellschaft**, dessen persönlich haftender Gesellschafter eine Kapitalgesellschaft ist. Die GmbH & Co. KG wird häufig dann verwendet, wenn eine Vielzahl von Kommanditisten Geldbeträge einbringen und aufgrund hoher Finanzvolumen niemand die Position des persönlich haftenden Gesellschafters übernehmen will.

B. Gründung

Die Gründung der GmbH & Co. KG erfolgt wie die der KG, nämlich durch den Abschluss eines Gesellschaftsvertrages zwischen einer bereits bestehenden oder zu diesem Zweck gegründeten GmbH (Komplementär) und mindestens einem Kommanditisten.

Sollte die GmbH noch nicht bestehen und zu diesem Zweck eingerichtet werden, erfordert die Gründung einer GmbH & Co. KG den Abschluss von zwei Gesellschaftsverträgen: den der GmbH und den der KG. Die Firmierung muss gem. **§ 19 II HGB** auf den Umstand hinweisen, dass keine natürliche Person unbeschränkt haftet. Tritt eine GmbH & Co. KG nur als „KG“ auf, trifft den Geschäftsführer der Komplementär-GmbH eine unbeschränkte persönliche **Rechtsscheinhaftung** gem. § 128 HGB analog.

C. Geschäftsführung

Die Geschäftsführung und die Vertretung der GmbH & Co. KG erfolgt nach den gleichen Grundsätzen wie bei der KG. Somit besitzt die GmbH als Komplementär die Befugnis zur Führung der Geschäfte der Kommanditgesellschaft und deren Vertretung nach außen. Aus dieser Konstellation ergibt sich eine **Besonderheit**: Die GmbH benötigt einen Geschäftsführer, da sie als juristische Person selbst nicht handlungsfähig ist. Dadurch wird der bei den Personengesellschaften geltende **Grundsatz der Selbstorganschaft durchbrochen**. Das heißt, dass auch eine „gesellschaftsfremde“ Person die Geschäfte führen beziehungsweise die Gesellschaft vertreten kann, die nicht das Risiko der persönlichen Haftung trägt (sog. Fremdorganschaft). Sind die Kommanditisten, wie häufig, Gesellschafter der Komplementär-GmbH, und üben sie zugleich noch deren Geschäftsführungsfunktion aus, ergibt sich daraus eine umfassende Leitungsbefugnis der Kommanditisten.

D. Haftung

Die Haftung der Gesellschaft und der Gesellschafter ist wie bei der KG geregelt. Der unbeschränkten Haftung der Komplementär-GmbH steht die beschränkte Haftung der Kommanditisten gegenüber. Die unternehmerischen Haftungsrisiken des Komplementärs werden der GmbH zugewiesen, deren Gesellschafter grundsätzlich nicht für die Gesellschaftsverbindlichkeiten einstehen. Da eine GmbH persönlich haftender Gesellschafter (Komplementär) ist, besteht zusätzlich zur beschränkten Haftung der Kommanditisten eine faktische Haftungsbeschränkung des Komplementärs.

E. Vor- und Nachteile

Vorteile

- Komplementärin ist die GmbH, also die unbeschränkt haftende Vollhafterin, die ihrerseits von ihrer Rechtsnatur her in der Haftung beschränkt ist
- Geschäftsführung und Vertretung der Gesellschaft durch Kommanditisten oder durch eine fremde Person möglich
- Flexible Eigenfinanzierung möglich

Nachteile

- Für die GmbH ist ein Mindestkapital von 25.000 Euro vorgeschrieben
- rechtlich komplizierte Konstruktion
- Kosten und Formalitäten für die Errichtung der Komplementärs-GmbH
- negatives Image durch große Insolvenzanfälligkeit
- Aufnahme von Fremdkapital schwieriger aufgrund der Haftungsbeschränkung des Vollhafters

Die Haftung der Vor-GmbH (= GmbH i.G.)

Die Haftung der Vor-GmbH ist ein „ewig drohendes“ Thema, welches aber nur extrem selten geprüft wird. In den letzten Jahren haben hier Prüfungsämter vermehrt die Prüfung dieses Themas „angetäuscht“, ohne es aber zu prüfen. Hierzu unten mehr.

(P): Aufbau des Gutachtens bei Vor-GmbH:

A. Anspr. gg. GmbH selbst
(-), GmbH mangels Eintragung ins Handelsregister „als solche“ nicht existent (§ 11 I GmbHG)

B. Anspr. gg. Vor-GmbH

I. Rechtsfähigkeit der Vor-GmbH
Entstehung mit Abschluss des notariellen GesV (§ 2 GmbHG)
„GmbH, der im Entstehungstatbestand nur noch die Eintragung ins Handelsregister fehlt“ (vgl. BGHZ 117, 323).

Keine „Juristische Person“, aber Anwendung von GmbH-Recht, soweit keine Eintragung ins HR vorausgesetzt wird.

Kein Formkaufmann, sondern Erwerb der Kaufmannsstellung gem. §§ 1 - 5 HGB.

„Vor-GmbH lebt nach GmbH-Recht“ ⇨ Aktiv / passiv parteifähig

II. Vertrag mit Wirkung für / gegen die Vor-GmbH
Vertretungsmacht des GF (§§ 35 ff. GmbHG) **(P):** Umfang

- „vordringende“ Lit.: Unbeschränkte Vertretungsmacht (§ 37 II GmbHG) bereits im Gründungsstadium

- BGH und wohl h.L. (vgl. BGHZ 80, 129) differenziert:

  - Bei Sachgründung (z.B. Einbringung eines Unternehmens; vgl. § 5 IV 1 GmbHG): Unbeschränkte Vertretungsmacht (§ 37 II GmbHG) zwecks Erhaltung / Unterhaltung der Sacheinlage

  - Bei Bargründung (Stammkapital wird in Geld erbracht): Vertretungsmacht im Grds. beschränkt auf für Eintragung unerlässliche Rechtshandlungen Aber: mit Zustimmung aller Gesellschafter erweiterbar

C. Anspr. gg. Gesellschafter

(P): persönliche Haftung der Gründer für Verbindlichkeiten der VorG

Rspr.:
unbeschränkte Verlustdeckungshaftung (§ 9 I GmbHG analog), da eine Beschränkung von Haftung stets eine Vereinbarung oder eine gesetzliche Regelung verlangt

Innenhaftung, da nur diese anteilsmäßige Befriedigung sichert und Wettlauf der Gläubiger verhindert

↳ kein direkter Anspr. gg. Gesellschafter

D. Anspruch gg. Geschäftsführer

I. Handelnder (§ 11 II GmbHG): Nur, wer GF ist, oder wie ein GF auftritt

II. Handeln im Namen der Gesellschaft

- Früher BGH (vgl. BGHZ 72, 45, 47): wg. Wortlaut des 11 II GmbHG ist Handeln im Namen der künftigen „GmbH" erforderlich ⇨ (-), wenn im Namen der „Vor-GmbH" gehandelt wurde

- H.M. (BGHZ 91, 148, 149; B/Hueck-Fastrich, GmbHG, § 11 Rn 48) „Vor-GmbH" und „GmbH" identisch ⇨ erforderlich, aber auch ausreichend, dass GF erkennbar nicht in eigenem Namen, sondern im Namen der „Gesellschaft" handelt

E. Anspruch gg. Gesellschafter aus § 11 II GmbHG

Ausnahmsweise auch Gründer selbst, der – „wie ein GF" – vor Eintragung der GmbH im Namen der Gesellschaft tätig geworden ist

ABER: Allein Erteilung der Zustimmung zu einem Geschäft der Gesellschaft nicht ausreichend

Hinweis: Eine Vorgesellschaft bleibt als Liquidationsgesellschaft bis zur vollständigen Abwicklung oder, wenn sie die Gesellschafter fortführen, als Personengesellschaft rechts- und parteifähig. Der nach der Klageerhebung mit dem Wandel in eine Abwicklungsgesellschaft oder eine Personengesellschaft verbundene Wechsel der organschaftlichen Vertretung führt weder zum Wegfall der Prozessfähigkeit noch zu einer Unterbrechung des Verfahrens, wenn die Gesellschaft durch einen Prozessbevollmächtigten vertreten wird (entspr. §§ 241 I, 246 I ZPO). (BGH, II ZR 308/06)

Achtung Falle:

In den letzten Jahren wurde mehrfach die Prüfung der Haftung der Vor-GmbH angetäuscht.

1. Examen in Hessen im Termin 2016 III: Eine Vorgründungsgesellschaft (GbR !!) schließt den Vertrag noch vor dem notariellen Abschluss des GmbH-Vertrags, tritt aber beim Vertragsschluss als „GmbH i.G." auf. Nach den Grundsätzen über das unternehmensbezogene Geschäft kommt der Vertrag mit der – alleine existierenden – Vorgründungsgesellschaft zustande. Ein Übergang der Verbindlichkeiten auf die GmbH i.G. erfolgt nicht! Eine Rechtsscheinhaftung kommt ebenfalls nicht in Betracht, da die GbR (u.U. auch OHG) ja strenger haftet als die Vor-GmbH. Also wurde nur die Haftung einer GbR (und der Gesellschafter) geprüft. Zweck der GbR war dann die Gründung einer GmbH.

Insofern auch eine „Falle" war die Klausur im 1. Examen BaWü im Termin 2016 II, die in der JURA 2020, 502, abgedruckt ist. Dort ging es um die **Haftung der „unechten Vor-GmbH"**.
Von einer unechten Vor-GmbH spricht man dann, wenn die Gesellschafter die **Absicht**, die GmbH ins Handelsregister **eintragen zu lassen, endgültig aufgeben**, aber gleichwohl den Geschäftsbetrieb des Unternehmens fortsetzen. Wo der Zweck der Eintragung nicht mehr verfolgt wird, kann auch die Vor-GmbH nicht fortbestehen. Daraus folgt mit dem Zeitpunkt der Änderung des Gesellschaftszwecks die Umwandlung der Vorgesellschaft in eine OHG bzw. GbR, je nach Art und Umfang des von der Gesellschaft betriebenen Geschäftsbetriebs (§ 1 II HGB). Diese Gesellschaft ist Rechtsnachfolger der Vor-GmbH und haftet für deren Verbindlichkeiten. Zugleich tritt eine persönliche Außenhaftung der Gesellschafter für alle Schulden der Gesellschaft nach § 128 HGB bzw. bei der GbR § 128 HGB analog ein. Das bedeutet, dass die Gesellschafter unbeschränkt und unmittelbar persönlich für alle Verbindlichkeiten der Gesellschaft haften; mithin auch für solche, die zu der Zeit begründet wurden, als die Gesellschaft noch eine Vor-GmbH und keine OHG/GbR war.

Gleiche „Falle“ im 1. Examen in Hessen im Termin 2021 I: Die Gründung einer GmbH scheitert beim Registergericht wegen fehlender Unterlagen. Daraufhin wird die Eintragungsabsicht endgültig aufgegeben und im Namen der „GmbH i.G.“ ein Mietvertrag geschlossen. Vertragspartner war auch hier die sog. „unechte Vorgesellschaft“, die als OHG einzuordnen ist. Eine Rechtsscheinhaftung kommt nicht in Betracht, da die OHG (oder GbR) ja strenger haftet als die Vor-GmbH.